RECUEIL COMPLET

DES

PROPHÉTIES

LES PLUS AUTHENTIQUES

— PASSÉ — PRÉSENT — FUTUR —

LYON
P. N. JOSSERAND, LIBRAIRE-ÉDITEUR
PLACE BELLECOUR, 3
—
1870

RECUEIL COMPLET

DES

PROPHÉTIES

LES PLUS AUTHENTIQUES

— PASSÉ — PRÉSENT — FUTUR —

MÊME LIBRAIRIE

DEUX PROPHÉTIES CÉLÈBRES, (prophétie d'Orval et prophétie de Blois). In-12 . . . . 15 c.
Par la poste (*franco*). . . . , ... 20 c.

CHOIX DES PROPHÉTIES LES PLUS CÉLÈBRES AU XIXᵉ SIÈCLE, 1 volume in-12. . . . . 50 c.

RECUEIL COMPLET DE PROPHÉTIES. Passé — Présent — Futur, 1 beau vol. in-18 raisin. . . . . 2 fr.

LA RÉVÉLATION DE SAINT JEAN, ou Histoire prophétique de la lutte entre le bien et le mal, depuis Jésus-Christ jusqu'à la fin des temps, par M. Michel. 1 vol. in-8. . . . . . 6 fr.

CAMPAGNE DE LA RÉVOLUTION CONTRE ROME, par M. l'abbé Fleury, approuvé par Mgr Mermillod. 1 vol. in-12. . 1 fr. 50

FAITS SURNATURELS DE LA VIE DE PIE IX, par le P. Huguet 3ᵐᵉ édition augmentée. 1 vol. in-18. . . . . 50 c.

LYON. — IMPRIMERIE PITRAT AINÉ, RUE GENTIL, 4.

RECUEIL COMPLET

DES

PROPHÉTIES

LES PLUS AUTHENTIQUES

– PASSÉ – PRÉSENT – FUTUR –

LYON
P. N. JOSSERAND, LIBRAIRE-ÉDITEUR

PLACE BELLECOUR, 3

—

1870

Tous droits réservés.

AVERTISSEMENT

De nos jours, au milieu des bouleversements du monde, quand les royaumes et les empires s'effondrent, quand la guerre n'est plus qu'une immense boucherie, les esprits s'efforcent de pénétrer l'avenir, et beaucoup d'hommes sérieux interrogent les prophéties.

Que faut-il penser des prophéties ?

D'abord nous ne devons croire de *foi divine* que les prophéties de l'Écriture sainte, parce que ce sont les seules que l'Église propose à notre croyance comme inspirées du Saint-Esprit.

Mais peut-on et doit-on ajouter *une foi humaine* à certaines prophéties ?

Il y a sur ce point deux écueils à éviter. La crédulité qui admet tout sans examen et l'incrédulité qui rejette tout comme impossible.

Dieu, nous le savons par l'Écriture sainte et par l'histoire, a toujours comblé son Église de dons surnaturels et parmi ces dons surnaturels l'Apôtre cite le don de prophétie.

L'histoire de l'Église et la vie des saints nous offrent souvent des exemples de prophéties parfaitement authentiques et accomplies de point en point.

Enfin ces prophéties rentrent parfaitement dans les desseins de Dieu qui veut nous faire admirer sa justice dans la punition des coupables, sa miséricorde dans le pardon qu'il accorde à ceux qui s'humilient et sa divine sagesse dans le gouvernement du genre humain.

A quelles conditions peut-on reconnaître une véritable prophétie ?

Dieu seul connaît l'avenir parce que seul il en est le maître. Par conséquent seul il peut le faire connaître ; or, comme Dieu ne se sert pas ordinairement des méchants pour opérer ses œuvres divines, mais bien de ses amis, il faut examiner si la prophétie vient d'une personne éminente par sa sainteté, c'est là la première condition.

La seconde condition, c'est que la prophétie ait évidemment un bon but, la gloire de Dieu, le bien des hommes et la consolation des cœurs affligés.

Enfin l'épreuve de toute vraie prophétie, c'est la réalisation des événements qu'elle annonce. C'est pourquoi, quand une prophétie annonce des événements qui doivent se passer à diverses époques, si les événements annoncés sont déjà arrivés en partie, on peut croire avec une certaine probabilité que le reste de la prophétie se réalisera également.

Toutefois, les menaces renfermées dans certaines prophéties sont d'ordinaire conditionnelles. « Priez, faites pénitence, de peur que le bras de Dieu ne s'appesantisse et ne frappe. » Quand Jonas parcourait les rues de Ninive, en criant : « Dans quarante jours, Ninive sera détruite, » il disait vrai, puisque Dieu l'envoyait, et cependant Ninive fut épargnée, parce que ses habitants, si coupables d'ailleurs, apaisèrent par leurs larmes, leurs jeûnes, leur pénitence, la juste colère du Ciel. Non moins coupables peut-être que ces pauvres païens, levons-nous comme eux pleins d'effroi, rougissons de nos excès, pleurons-les amèrement, repentons-nous sincèrement, et Dieu aussi se repentira de ses menaces, et la vengeance fera place au pardon.

L'avenir alors ce sera pour notre France, si tristement surprise, le retour de la victoire, le refoulement de l'étranger, la réparation des désastres dans l'ordre et la liberté ; et pour l'Église, pour le Saint-Siége, pour notre bien-aimé Père et Pontife, un grand triomphe et de longs jours de paix.

Le recueil que nous publions renferme les prophéties reconnues les plus authentiques, sans commentaire ni appréciation, laissant chacun le soin de les interpréter. En agissant ainsi nous avons cru agir sagement, voulant éviter l'écueil dans lequels sont tombés la plupart des auteurs qui ont voulu donner des interprétations trop souvent erronnées.

DÉCLARATION

Voulant rester toujours enfant soumis de ma Mère, la sainte Église catholique, apostolique, romaine, je rétracte et condamne par avance, tout ce qui dans ce livre, pourrait être condamné par sa suprême autorité... divine et infaillible !

L'AUTEUR.

« La prophétie est une sorte d'apparition des événements éloignés, en vertu d'une révélation divine. »
(Saint Thomas d'Aquin, *Sup. Ep. ad Rom.* c. XII, lect. 2. Post init. f. 43, col. 4.)

« L'esprit de prophétie est le témoignage de Jésus. »
(*Apoc.* xix, 10.)

« A celui-ci l'Esprit-Saint communique le don de la parole sacrée... à celui-là, le don de prophétie... à un autre le don des langues. »
(Saint Paul, I *Ep. aux Cor.*, XXII, 5-10.)

« Le don des langues est accordé en vue, non des fidèles mais des infidèles ; les prophéties, au contraire, sont pour l'édification non des infidèles, mais plutôt des fidèles. »
(Saint Paul, I *Ep. aux Cor.*, xiv, 22.)

« Gardez-vous de mépriser toutes les prophéties. Et après les avoir examinées attentivement, retenez pour bon ce qui est bien fondé. »
(Saint Paul, I *Ep. aux Thess*, v, 20-21).

« Le don de prophétie, est une lumière particulière à quelqu'un pour reconnaître les choses futures ou même des choses occultes qui se passent au de dans des cœurs ou dans des endroits éloignés. C'est une vérité constante et fondée sur la doctrine de sain-

Paul, que ce don est une de ces grâces gratuites qui ne sont point attachées à la perfection et qui ne demandent pas même la grâce sanctifiante. Il est vraisemblable que ces dons sont accordés particulièrement aux amis de Dieu, qui sont mieux disposés à les recevoir et à en user. »

(Bossuet, tiré de sa *Tradition des nouveaux Mystères*.)

« Dieu suscite d'âge en âge des hommes pleins de son esprit et de ses lumières, devant qui il soulève le voile de l'avenir, et qu'il charge d'aller dire à leurs frères ce qu'ils ont vu et entendu. »

(Frayssinous, *Confér. sur les Prophètes*.)

« Le Bien et le Mal auront leurs camps distincts, et il arrivera un moment où ceux qui ne sont pas pour le Christ seront contre lui. Alors il se livrera une bataille suprême qui décidera le règne de la civilisation ou de la barbarie. Cet inévitable dénouement n'est pas éloigné. Que chacun choisisse et que la publicité empêche toute surprise. »

(P. Lacordaire, *Ère chrétienne*.)

« L'esprit prophétique est naturel à l'homme et ne cessera de s'agiter dans le monde. Si on demande ce que c'est que cet *esprit prophétique*, je répondrai que jamais il n'y a eu dans le monde de grands événements qui n'aient été prédits de quelque manière. »

(Le comte J. de Maistre, *Soirées de Saint-Pétersbourg.*)

RECUEIL COMPLET

DE

PROPHÉTIES

— PASSÉ — PRÉSENT — FUTUR —

PROPHÉTIE SUR LA SUCCESSION DES PAPES

ATTRIBUÉE A SAINT MALACHIE [1]

Cette prédiction désigne par une qualité tous les Papes qui doivent se succéder sur le siége de saint Pierre, depuis 1700 jusqu'à

---

[1] Citée dans beaucoup d'ouvrages et entre autres dans le Dictionnaire de Moreri, article MALACHIE.
On a attribué à saint Malachie une prophétie sur la succession des Papes, que beaucoup de critiques regar-

la fin du monde. Le titre donné à certains Papes s'accorde si bien avec leur vie, que cette prédiction jouit depuis longtemps d'une grande popularité.

Flores circumdati.

Les fleurs environnées. Clément XI. Il avait les fleurs de l'éloquence en particulier, et il était de l'académie de la reine Christine de Suède.

De bona religione.

De la bonne religion. Innocent XIII.

Miles in bello.

Soldat à la guerre. Benoît XIII.

---

dent comme n'étant point émanée de ce saint. Ils se fondent sur ce que saint Bernard qui a écrit la vie de saint Malachie, et Ange Manrique qui a rédigé les annales de Cîteaux et qui dit avoir eu en sa possession tous les papiers du saint, ne disent rien de cette prophétie. Le P. Ménestrier l'attribue à un moine du Mont-Cassin, nommé Arnold de Vion, qui la publia en 1595.

Columna excelsa.

Une colonne élevée. Clément XII.

Animal rurale.

L'animal de la campagne. Benoît XIV.

Rosa umbria.

La rose de Toscane. Clément XIII.

Visus velox, vel ursus velox.

La vue perçante, ou l'ours léger. Clément XIV.

Peregrinus apostolicus.

Le pèlerin apostolique. Pie VI.

Aquila rapax.

L'aigle ravisseur. Pie VII.

Canis et coluber.

Le chien et le serpent. Léon XII.

Vir religiosus.

L'homme religieux. Pie VIII.

De balneis Etruriæ.

Des bains de Toscane. Grégoire XVI.

Crux de cruce.

La croix de la croix. Pie IX.

Lumen in cœlo.

La lumière dans le ciel.

Ignis ardens.

Le feu ardent.

Religio depopulata.

La religion dépeuplée.

Fides intrepida.

La foi intrépide.

Pastor angelicus.

Le pasteur angélique.

Pastor et nauta.

Pasteur et marinier.

Flos florum.

La fleur des fleurs.

De medietate lunæ.

De la moitié de la lune.

De labore solis.

Du travail du soleil.

De gloria olivæ.

De la gloire de l'olive.

In persecutione extrema romanæ Ecclesiæ sedebit Petrus romanus, qui pascet in multis tribulationibus, quibus transactis, civitas septicollis diruetur, et Judex tremendus judicabit populum.

Dans la dernière persécution de la sainte Église romaine, il y aura un Pierre romain élevé au pontificat : celui-là paîtra ses brebis au milieu de grandes tribulations ; et ce temps fâcheux étant passé, la ville aux sept montagnes sera détruite, et le Juge redoutable jugera le monde.

II

PRÉDICTION DU PÈRE NECKTOU [1]

Un nom odieux à la France sera placé sur le trône : un d'Orléans sera roi. Ce ne sera qu'après cela que se fera la contre-révolution. Elle ne se fera pas par les étrangers, mais il se formera en France deux partis qui se feront la guerre à mort. L'un sera beaucoup plus nombreux que l'autre ; mais ce sera le plus faible qui triomphera. Il y aura alors un moment si affreux qu'on

---

[1] De la compagnie de Jésus. — Ce vénérable religieux resta longtemps à Poitiers et passa ensuite à Bordeaux, où il mourut en odeur de sainteté, avant 1793.

se croira à la fin du monde. Le sang ruissellera dans plusieurs grandes villes ; les éléments seront soulevés. Il périra en cette catastrophe une grande multitude ; mais les méchants ne prévaudront pas. Ils auront bien l'intention de ruiner l'Église, mais ils n'en auront pas le temps, car cette crise si épouvantable sera de courte durée, et ce sera au moment où l'on croira tout perdu que tout sera sauvé. Quand cette grande crise arrivera, il n'y aura rien à faire, sinon de rester où Dieu nous aura mis et d'y persévérer dans la prière.

Durant ce bouleversement, qui sera général, et non pour la France seulement, Paris sera entièrement détruit; tellement que, lorsque, vingt ans après, les pères se promèneront avec leurs enfants dans ses ruines, ceux-ci leur demanderont ce que c'est que cet endroit, et ils répondront : « Mon fils, il y avait là une grande ville que Dieu a détruite à cause de ses crimes. »

A la suite de cet événement affreux, tout rentrera dans l'ordre, justice sera faite à tout le monde, et la contre-révolution sera accomplie ; et alors le triomphe de l'Église sera tel qu'il n'y en aura jamais plus de semblable, parce que ce sera le dernier triomphe de l'Église sur la terre.

On sera près de cet événement lorsque l'Angleterre commencera à s'ébranler, et on le saura à ce signe, comme on sait que l'été approche quand les feuilles du figuier commencent à reverdir.

L'Angleterre éprouvera à son tour une révolution plus affreuse que la première révolution française, et cette révolution durera assez longtemps pour donner à la France le temps de se rasseoir : et ce sera la France qui aidera l'Angleterre à rentrer dans la paix.

Lorsqu'on sera près des événements ci-dessus annoncés, tout sera tellement troublé sur la terre qu'il semblera que Dieu ne s'occupe plus des hommes et qu'il a entièrement perdu sa Providence.

III

PROPHÉTIE DE SAINT CÉSAIRE [1]

Après que l'univers entier aura été en proie à des tribulations si grandes et si multipliées que les créatures de Dieu en tomberont presque dans le désespoir, un Pape choisi parmi les cardinaux qui auront échappé à la persécution de l'Église sera élu par la volonté de Dieu, et cet homme très-saint et parfait en toutes perfections sera couronné par les saints anges, et placé sur le Saint-Siége par ses

---

[1] Né en 470, dans le territoire de Châlon-sur-Saône, de parents illustres, il fut élu archevêque d'Arles en 501, et mourut plein de sainteté, à l'âge de 72 ans, le 27 août 542.

frères qui, avec lui, auront survécu aux persécutions de l'Église et à l'exil.

Il réformera tout l'univers par sa sainteté, et ramènera tous les ecclésiastiques à l'ancienne manière de vivre des disciples du Christ, et tous le respecteront à cause de sa sainteté et de ses vertus. Il prêchera partout nu-pieds, et ne craindra point la puissance des princes aussi en ramènera-t-il plusieurs au Saint-Siége après les avoir tirés de leurs erreurs et de leur vie coupable; il convertira presque tous les infidèles, mais principalement les Juifs.

Ce Pape sera secondé par un empereur, homme très-vertueux, qui sera des restes des Français, et qui l'aidera et lui obéira en tout ce qui sera nécessaire pour réformer l'univers. Sous les règnes de ce Pape et de cet empereur tout l'univers sera réformé, parce que la colère de Dieu s'apaisera. Ainsi il n'y aura plus qu'une loi, une foi, nn baptême, une manière de vivre. Tous les hommes auront les mêmes sentiments et s'aimeront les uns les autres. Et la paix durera pendant de longues années.

Mais après que le siècle aura été réformé, apparaîtront plusieurs signes dans les cieux, et la malice des hommes se réveillera; ils retourneront à leurs anciennes erreurs et iniquités, et leurs crimes seront encore pires que les premiers : c'est pourquoi Dieu amènera et avancera la fin du monde. Et voilà la fin.

IV

PROPHÉTIE DU R. P. EUGÈNE PEGGHI [1]

1. Tout finira par le triomphe de la religion et par un prodige. Les Français à la fin défendront le Pape.

2. Le Nonce de Paris recouvrera sa pleine autorité.

3. Dans un jour consacré à Marie, il arrivera un fait très-remarquable.

4. La France tombera par elle-même et Dieu se servira pour cela de l'homme lui-même.

---

[1] Moine cistercien, mort à Rome au monastère de Sainte-Croix en 1855.

5. Il y aura une grande stupeur quand on apprendra qu'il y a dans Paris un roi reconnu, et qui demeure au milieu du peuple, et qu'on verra placé sur le trône un premier janvier le dernier de cette époque.

6. Le premier courrier qui viendra en Italie apportera cette joyeuse nouvelle, et le Roi *sous-nommé* sera le défenseur du Saint-Siége.

7. La guerre cessera au moment d'éclater, on n'en verra pas les massacres, elle finira par la victoire de l'*Empereur. (Cet empereur sera-t-il le roi de Prusse devenu empereur d'Allemagne?)* On connaîtra alors tout ce qu'il a fait en faveur du Saint-Siége.

8. Un royaume entier viendra à la foi catholique et le Saint-Père, réintégré dans tous ses droits, chantera le *Nunc dimittis*.

V

PROPHÉTIE DU FRÈRE HERMAN DE LEHNIN [1]

Cette prophétie qui a été publiée en 1722 et en 1846 prédit le sort de la monarchie prussienne. Après avoir prédit les événements jusqu'au roi Frédéric Guillaume III, fils de Frédéric-Guillaume II, qu'elle désigne par les termes de *onzième génération*, elle arrive à la douzième génération, Frédéric-Guillaume IV, roi actuel de Prusse et s'exprime ainsi :

I. Enfin celui-là porte le sceptre qui sera le dernier de sa race.

---

[1] Religieux de l'ordre de Cîteaux (treizième siècle).

2. Israël ose commettre un forfait d'une atrocité inexprimable et que la mort doit expier.

3. Le pasteur recouvre son troupeau et la Germanie un chef.

VI

PROPHÉTIE PUBLIÉE EN 1737[1]

178... *Magnus tremor erit.* Un grand frémissement agitera les peuples.

187... *Nullus pastor erit.* Israël perdra son pasteur. (*Sera-t-il captif? Sera-t-il martyrisé?*)

187... *Unus pastor, unum ovile.* Un seul pasteur, un seul troupeau [2].

---

[1] Cette prophétie a été publiée en 1737, comme ayant été trouvée à Rome dans le tombeau d'un saint.

[2] Le premier alinéa de cette prophétie désigne évidemment les événements de 1789. Les deux derniers alinéas se renferment dans la fin de ce siècle.

VII

VISION D'UNE RELIGIEUSE [1]

Le dimanche d'avant la Toussaint 1816, je faisais mon oraison sur l'instabilité du cœur humain... Je fus tout à coup frappée d'objets horribles... Je vis des personnes de tous les états qui se livraient à des désordres affreux... Il me fus dit : « Tu vois les crimes qu'on commet ; et qui retient mon bras vengeur?... je vais donc encore frapper la France pour le bonheur des uns et le malheur des autres. »

---

[1] Cette vision émane d'une ancienne religieuse échappée providentiellement à la fureur révolutionnaire de 93, et morte vers 1828 en odeur de sainteté. Elle est relatée dans le *Tableau des Trois Époques*, Paris, 1829, à la suite d'autres visions de la même religieuse, et qui se sont réalisées littéralement.

Je vis dans ce moment un gros nuage qui était si noir que j'en fus épouvantée ; il couvrit toute la France, et dans ce nuage j'entendis des voix confuses qui criaient, les unes, « Vive la République, » les autres, « Vive 13. 34. » les autres, « Vive la Religion et le grand Monarque que Dieu nous garde. »

En même temps, il se donna un grand combat, mais si violent qu'on n'en avait jamais vu un semblable ; le sang coulait comme quand la pluie tombe bien fort, surtout depuis le midi jusqu'au nord, car l'ouest me parut plus tranquille. Les méchants voulaient exterminer tous les ministres de la religion de Jésus-Christ. Ils en avaient fait périr un grand nombre, et criaient déjà victoire, lorsque tout à coup les bons furent ranimés par un secours d'en haut, et les méchants furent défaits et confondus...

Le temps de tous ces bouleversements ne sera pas plus de trois mois, et celui de la grande crise où les bons triompheront ne sera que d'un moment.

Quand les méchants auront répandu une très grande quantité de mauvais livres, ces événements seront proches. Aussitôt après qu'ils seront arrivés, tout rentrera dans l'ordre, et toutes les injustices, de quelque nature qu'elles soient, seront réparées, ce qui sera très-facile, la plupart des méchants ayant péri dans le combat ; et ceux qui auront survécu seront si effrayés du châtiment des autres, qu'ils ne pourront s'empêcher de reconnaître le doigt de Dieu et d'admirer sa toute-puissance: plusieurs se convertiront.

La religion fleurira ensuite de la manière la plus admirable. J'ai vu des choses si belles à cet égard que je n'ai pas d'expression pour les peindre.

VIII

PROPHÉTI DU PÈRE BOTIN [1]

Au nom du Seigneur qui a créé toutes choses, voici les paroles que l'Esprit a dictées à Jérôme, serviteur du Seigneur, écrites au monastère de Saint-Germain des Prés à Paris, l'an mil quatre cent dix de la Conception, le Souverain Pontife Jean XXIII gouvernant l'Église de Dieu, sous le règne de Charles VI.

. . . .

. . . . . , La rosée du ciel descendra

---

[1] Jérome Botin, né à Cahors en 1358, fut religieux bénédictin de l'abbaye de Saint-Germain des Prés à Paris, où il mourut le 10 juillet 1420, à l'âge de 62 ans. C'était un « homme remarquable par sa science, par sa piété et sa sainteté, » ajoute le nécrologe de l'abbaye.

sur la terre désolée et sur l'Église éplorée. Il y aura un enfant du sang du roi que donneront les gens. Et il gouvernera avec honneur et prudence la France, et l'Esprit du Seigneur sera avec lui. C'est ce qu'a dit l'Esprit. Et avant la fin du quatrième siècle, les ministres des autels pleureront et souffriront persécution pour la justice. Le pasteur sera frappé et le troupeau dispersé. Et ce ne sera qu'après ce siècle qu'il y aura un autre pasteur qui conduira les peuples dans l'équité et les rois dans la justice. Et il sera honoré des princes et des peuples. Mais avant qu'il ait établi son empire, que celui qui n'a point fléchi le genou devant Baal fuie du milieu de Babylone, a dit l'Esprit.

Que chacun ne pense qu'à sauver sa vie, car voici le temps où le Seigneur doit, par la grandeur de ses vengeances, montrer la grandeur des crimes dont elle est souillée ; il va faire retomber sur elle les maux dont elle a accablé les autres. Le Seigneur a présenté par la main de cette ville impie, dévastatrice de ses temples, meurtrière de ses prêtres, de ses rois et de ses propres enfants, le calice de ses vengeances à tous les peuples de la terre. Toutes les nations ont bu du vin de sa fureur ; elles ont souffert toutes les agitations de la cupidité et de la barbarie ; mais en un moment Babylone est tombée et elle s'est brisée dans sa chute, a dit l'Esprit.

Tout ceci arrivera pour épurer les bons et perdre les méchants, faire honorer l'Église de Dieu, faire craindre et servir le Seigneur.

Telles sont les paroles que l'Esprit a manifestées à son serviteur Jérôme, qu'il a écrites d'après ses ordres, et dont la vérité sera reconnue dans le temps. *Amen*.

IX

PROPHÉTIE D'OLIVARIUS[1]

Un jeune guerrier cheminera vers la grande ville ; il portera lion et coq sur son armure. Ains la lance lui sera donnée par grand prince d'Orient. Il sera secondé merveilleusement par peuple guerrier de la Gaule-Belgique, qui se réunira aux Parisiens pour trancher troubles, et réunir soldats, et les couvrir tous de rameaux d'oliviers. Guer-

---

[1] Philippe-Dieudonné-Noël Olivarius, docteur en médecine, chirurgien et astrologue, vivait au seizième siècle.— Cette prédiction fut découverte par François de Metz, cousin de François de Neuchâteau et secrétaire de la commune de Paris sous la Convention Nationale. Il la trouva dans un manuscrit in-12 composé par Olivarius ayant pour titre : LIVRE DE PROPHÉTIES.

royant encore avec tant de gloire sept fois sept lunes que trinité population européenne, par grande crainte et cris et pleurs, offrant leurs fils et épouses en otages, et ployant sous les lois saines et justes, et aimées de tous. Ains paix durant vingt-cinq lunes. Dans *Lutetia*, la Seine rougie par sang, suite de combats à outrance, étendra son lit par ruine et mortalité. Séditions nouvelles de malencontreux maillotins. Ains seront pourchassés du palais des rois par l'homme valeureux, et par après les immenses Gaules déclarées par outes les nations grande et mère-nation ; et lui, sauvant les restes échappés, règle les, destinés du monde, dictant conseil souverain de toute nation et de tout peuple ; pose base de fruit sans fin, et meurt.

X

PROPHÉTIE DITE DE SAINT AUGUSTIN[1]

L'époque de l'apparition de l'Antechrist et celle des solennelles assises du Jugement Dernier, nous sont manifestées par saint Paul dans sa seconde Épitre aux Thessaloniciens quand il dit: « Nous vous conjurons par l'avènement de Notre Seigneur Jésus-Christ etc., parce que ce jour n'arrivera point que l'apostasie ne soit d'abord venue et que l'Homme

---

[1] Saint Augustin, né le 13 novembre 354, à Tagaste, en Afrique ; il y mourut le 28 août 430.

Cette prophétie, est extraite du tome VI des *Œuvres* de saint Augustin : *Lib. de Antich.* (attribué à Alcuin) *in appen.*, édit. des Bénédictins.

de péché, le Fils de perdition ne se soit montré et fait adorer comme un Dieu.

Or, nous savons qu'après le royaume des Grecs ou même des Perses, qui furent, chacun en son temps, environnés d'une grande gloire et puissamment florissants, l'empire romain commença à s'élever et grandit au-dessus de tous ceux qui le précédèrent, en étendant sa domination sur tous les royaume de la terre. Toute les nations se courbèrent devant les Romains et furent leurs tributaires Voilà pourquoi l'apôtre saint Paul a dit que l'Antechrist ne viendra point dans le monde avant qu'il y ait eu d'abord une scission, c'est-à-dire que tous les royaumes sous le joug de l'empire romain ne s'en soient affranchis. Mais ce temps n'est pas encore arrivé. Et quoique maintenant nous voyions l'empire romain en grande partie détruit, cependant tant qu'existeront les rois français qui doivent posséder cet empire, la grandeur du nom romain ne périra pas complétement, parce qu'elle subsistera dans les souverains de la France. Or, certains de nos docteurs disent qu'un roi français possédera l'empire ao-main tout entier dans les derniers temps du monde. Ce sera le monarque le plus grand qui fut jamais et le dernier de tous les rois. Après un règne plein de félicité il viendra jusqu'à Jérusalem et sur le Mont des Olives, où il déposera son sceptre et sa couronne. (Alors ce sera la fin et la consommation de l'empire romain et chrétien.) Les mêmes docteurs prétendent, d'après les paroles précitées de l'apôtre saint Paul, qu'aussitôt viendra l'Antechrist.

XI

RÉVÉLATIONS DE LA SŒUR DE LA NATIVITÉ [1]

Notre Seigneur montra à cette sainte fille un arbre n'ayant ni feuille, ni verdure, dont l'écorce était dure comme le métal d'un canon et y ressemblait : il représente la *Révolution*, dont l'esprit sera toujours guerrier. Cet arbre était si grand qu'on ne pouvait en voir la cime ; il était penché sur une belle église et sem-

---

[1] Appelée dans le monde Jeanne Le Royer. — Elle est née en 1732, d'une famille de laboureurs, à la Chapelle-Sanson, près de Fougères (Ille-et-Vilaine), elle mourut à Fougères le 15 août 1798, à l'âge de 66 ans. — Les fragments que nous donnons de ses révélations, sont tirés d'un ouvrage en 4 vol., intitulé : *Vie et Révélations de la sœur de la Nativité, religieuse converse au couvent des Urbanistes de Fougères, diocèse de Rennes.*

blait l'écraser. Il avait les branches plus ou moins coupées, (ce qui peut figurer les insurrections vaincues et les défaites des révolutionnaires).

« Toute l'Église est en action pour abattre cet arbre, on voudrait le déraciner, mais je ne le veux pas, dit Notre-Seigneur ; les fidèles me sollicitent par leurs prières et par leurs gémissements qui me touchent le cœur ; leurs larmes seront écoutées. J'avancerai le temps d'abattre cet arbre ; mais c'est ma volonté, il ne sera coupé qu'à ras de terre. Je connais la férocité et la dureté de ces mauvais esprits qui sont plus durs que l'écorce de cet arbre où la hache ne peut entrer, mais j'opérerai un miracle par ma grâce. »

La Sœur ajoute :

« Prenons patience pendant une longue durée de temps ; si le Seigneur tarde à venir à notre secours, soumettons-nous à sa sainte et adorable volonté et espérons fermement que tôt ou tard il viendra. Consolons-nous, encore une fois ; quand l'heure du Seigneur sera venue, comme il a promis qu'il ferait ce beau miracle, tout ira bien.

« Je vois en Dieu qu'il viendra un temps où ce grand arbre sera abattu. Quand l'heure du Seigneur sera venue il arrêtera dans un moment ce fort armé de Satan, et renversera ce grand arbre par terre plus vite que le petit David ne renversa le grand Goliath. Alors on s'écriera : Réjouissons-nous, les ouvriers d'iniquité sont vaincus par la force du bras tout-puissant du Seigneur.

« Je vois que la foi et la sainte Religion s'affaiblissent dans presque tous les royaumes chrétiens ; Dieu a permis qu'ils aient reçu des coups de verge de l'impie pour les réveiller de leur assoupissement.

« Cet arbre de la Révolution étant coupé ras de terre, il lui reste encore quatre grosses racines qui représentent la nation. De ces racines repoussent quatre jets qui sont bientôt reconnus et de suite coupés. Les impies avaient formé leur complot dans le secret, car les racines étaient cachées dans la terre, et ils se hâtaient d'attaquer l'Église.

« Je vois clairement dans l'Église deux partis qui vont désoler la France : l'un est sous le coup de la persécution, et l'autre sous le coup de l'anathème de Dieu et de son Église. Les deux partis se sont déjà placés l'un à droite et l'autre à gauche de leur Juge et représentent tout à la fois le ciel et l'enfer. — Comme sur le calvaire, les uns m'adorent, dit Jésus-Christ, les autres m'insultent et me crucifient ; mais ma justice aura son tour. Elle triomphera des uns et fera triompher les autres, et tout cela par les mérites de mon sang et le triomphe de ma passion. Cela est juste et nécessaire ; il faut enfin que la vertu opprimée paraisse et l'emporte à son tour. Il faut que tout rentre dans l'ordre, et tous les éloges que l'on prodigue aujourd'hui au crime et à l'irréligion n'empêcheront pas qu'à présent même les hommes criminels et impies qui en sont l'objet ne soient les victimes de ma juste colère.

« Je vois dans la divinité une grande puissance, conduite par le Saint-Esprit et qui, par un second bouleversement, rétablira le bon ordre.

« Je vois en Dieu une assemblée nombreuse de ministres de l'Église qui, comme une armée rangée en bataille et comme une colonne ferme et inébranlable, soutiendra les droits de l'Église et de son Chef, rétablira son ancienne discipline ; en particulier, je vois deux ministres du Seigneur qui se signalent dans ce glorieux combat par la vertu du Saint-Esprit, qui enflammera d'un zèle ardent tous les cœurs de cette illustre assemblée.

« Tous les faux cultes seront abolis, je veux dire tous les abus de la révolution seront détruits, et les autels du vrai Dieu rétablis. Les anciens usages seront remis en vigueur, et la religion, du moins à quelques égards, deviendra plus florissante que jamais.

« Mais hélas ! Seigneur, quand arrivera cet heureux temps... et combien durera-t-il ? c'est sans doute un secret que vous vous réservez à vous-même.

« Je vois seulement ici qu'aux approches du dernier avénement de Jésus-Christ, il se trouvera un mauvais prêtre, qui causera beaucoup d'affliction à l'Église.

« Après que Dieu aura satisfait sa justice, il versera des grâces abondantes sur son Église, il étendra la foi ; il ranimera la discipline de l'Église dans toutes les contrées où elle était devenue tiède et lâche. Je vois tous les pauvres peuples, fatigués des travaux et des épreuves si rudes que Dieu leur a envoyés, tressaillir... Ils diront : Seigneur, vous avez versé dans nos cœurs la joie et la force de la jeunesse ; nous ne nous ressentons plus ni des travaux, ni des fatigues, ni des persécutions.

« L'Église deviendra, par sa foi et sa piété, plus fervente et plus florissante que jamais. Cette bonne Mère verra plusieurs choses consolantes, même de la part de ses persécuteurs, qui viendront se jeter à ses pieds, la reconnaître et demander pardon à Dieu et à Elle de tous les forfaits et de tous les outrages qu'ils lui auront faits. Cette sainte Mère recevra dans son sein tous ces pénitents ; Elle ne les regardera plus comme ses ennemis, mais Elle les mettra au nombre de ses enfants.

« Je vois en Dieu que l'Église s'étendra en plusieurs royaumes, même en des endroits où il y a plusieurs siècles qu'elle n'existait plus. Elle produira des fruits en abondance, comme pour se venger des outrages qu'elle aura soufferts par l'oppression de l'impiété et par les persécutions de ses ennemis.

« L'Église jouira d'une profonde paix pendant quelque temps qui paraît devoir être un peu long. La trêve sera plus longue cette fois qu'elle ne le sera d'ici au Jugement général dans l'intervalle des révolutions. Plus on approchera du Jugement général, plus les révolutions contre l'Église seront abrégées ; et la paix qui se fera ensuite sera aussi plus courte.

« L'Église verra beaucoup de guerres à plusieurs reprises entre plusieurs rois et princes. Les trêves de ces guerres seront courtes ; et il y aura beaucoup d'agitation dans les lois civiles

« Sans profiter en rien de ce que l'Écriture

nous dit des signes avant-coureurs du Jugement général, et ne parlant que d'après la lumière qui m'éclaire, je vois en Dieu que longtemps avant que l'Antechrist arrive, le monde sera affligé de guerres sanglantes ; les peuples s'élèveront contre les peuples, les nations contre les nations ; tantôt unies et tantôt divisées, pour combattre pour ou contre le même parti, les armées se choqueront épouvantablement et rempliront la terre de meurtres et de carnages. Ces guerres intestines et étrangères occasionneront des sacriléges énormes, des profanations, des scandales, des maux infinis, par les incursions qu'on fera dans la sainte Église en usurpant ses droits, ce dont elle recevra de grandes afflictions. Outre cela, je vois que la terre sera ébranlée en différents lieux par des tremblements et des secousses épouvantables. Je vois des montagnes qui se fendent et éclatent avec un fracas qui jette la terreur dans les environs. Trop heureux si on en était quitte pour la peur ! Mais non, je vois sortir de ces montagnes, ainsi séparées et entr'ouvertes, des tourbillons de flammes, de fumée, de soufre et de bitume, qui réduisent en cendre des villes entières. Tout cela et mille autres désastres doivent précéder la venue de l'Homme de péché.

« Plus on approche du règne de l'Antechrist et de la fin du monde, me dit Jésus-Christ, plus les ténèbres de Satan seront répandues sur la terre, et plus ses satellites feront d'efforts pour faire tomber les fidèles dans ses piéges et ses filets. »

« Plus on approche de la fin du monde, et plus je vois que le nombre des enfants de perdition augmente, et que celui des prédestinés diminue dans la même proportion. Cette diminution des uns et cette augmentation des autres se feront de trois différentes manières, que Jésus-Christ m'a indiquées :

« 1° Par le grand nombre d'élus qu'il attirera à lui pour les soustraire aux terribles fléaux qui frapperont son Église ;

« 2° Par le grand nombre des martyrs, qui diminuera considérablement les enfants de Dieu et cependant fortifiera la foi dans ceux que le glaive de la persécution n'aura pas moissonnés ;

« 3° Par la multitude des apostats qui renonceront Jésus-Christ pour suivre le parti de son ennemi en combattant les mystères et les grandes verités de la religion.

« Il y aura, me dit Jésus-Christ, un grand nombre qui souffriront un jour, pour la vérité, le martyre, car vers la fin des siècles elle sera rudement attaquée et victorieusement défendue. Quelques années avant la venue de mon grand ennemi, Satan suscitera de faux prophètes qui annonceront l'Antechrist comme le vrai Messie promis, et tâcheront de détruire tous les dogmes du Christianisme... et Moi, je ferai prophétiser les petits enfants et les vieillards; les jeunes gens annonceront des choses qui feront connaître mon dernier Avénement. — Ce que je vous dis, ma fille, aussi bien que tout ce que je vous ai fait voir, sera lu et raconté jusqu'à la fin des siècles.

« Sachez que, vers la fin des derniers siècles, il s'élèvera une fausse religion contraire à l'unité de Dieu et de son Église. »

« Il y aura des impies qui se serviront des diables, de l'art de la magie et des enchantements. Ces ennemis de l'Église auront de belles apparences, mais ils seront découverts et frappés. Leur action ne sera pas de longue durée; elle pourra s'étendre à quelques années. L'Église ne sera pas opprimée dans ses ministres et leurs ministères ; mais beaucoup de personnes des deux sexes se laisseront tromper. Les méchants découverts et condamnés se cacheront, tiendront des assemblées nocturnes et s'enfonceront dans les forêts. Ils y composeront des brochures remplies de toutes sortes de dévotions, de nouveautés et d'histoires fausses qui seront répandues par leurs amis. Aux brochures succèderont des ouvrages plus sérieux, qui seront répandus de la même manière et infecteront de leur venin plusieurs contrées sans qu'on s'en aperçoive. Ils établiront une fausse loi qu'ils appelleront inviolable. Ils instruiront et gouverneront comme législateurs de Satan.

« Pour mieux réussir, ils feront de grandes austérités, de grandes aumônes, donneront tous leurs biens aux pauvres, et se livreront à toutes sortes de pratiques de dévotion. Des prêtres seront de bonne foi leurs intercesseurs auprès des évêques ; plusieurs de ces derniers même y seront trompés. L'Église sera étonnée d'un changement qui n'aura pas été amené par des missions et par des sermons. Quelques prêtres s'apercevront de choses suspectes. Quand ces méchants se croiront découverts, ils recoureront à l'hypocrisie, paraîtront beaucoup plus religieux, nieront toute accointance avec les impies, et s'excuseront sur leur ignorance quand on le leur prouvera.

« L'Église, les ayant fait observer et découverts, ordonnera des jeûnes, des processions, des missions, des prières publiques, un jubilé, qui convertiront beaucoup de ceux qui étaient séduits et préserveront ceux qui étaient disposés à se laisser tromper. Quand ces méchants auront un nombre de disciples aussi grand que ce qu'il faut pour peupler un royaume, ils paraîtront au dehors et feront beaucoup de mal à l'Église, qui sera attaquée de tous côtés par les étrangers, les idolâtres et par ses propres enfants. Depuis l'époque où ces impies sortiront de leurs cavernes, jusqu'à celle où l'Église reconnaîtra leur malice, il se passera un temps assez long...

« Cette crise étant finie, une autre suivra bientôt. Les méchants, se voyant trahis et découverts, seront furieux ; ils se réuniront auprès de leur chef dans la plus fameuse ville pour comploter encore. La grâce touchera une partie d'entre eux ; même plusieurs des chefs, sorciers et magiciens, deviendront des saints, ainsi que leurs enfants, et souffriront plus tard le martyre. Cette deuxième fois, il se convertira, par les austérités et les prières de l'Église, presque autant de pêcheurs que la première fois par les missions, les jeûnes et le Jubilé.

« Ceux qui auront persévéré dans la révolte, sentant leur impuissance, se donneront à Satan, qui paraîtra au milieu d'eux, leur reprochera leur lâcheté, leur promettra pour chef l'Antechrist, et tous les biens de la terre ; ils passeront un contrat avec lui, lui prêteront serment de fidélité jusqu'à la mort, s'engageront à haïr Jésus-Christ, à renoncer à leur baptême, à aimer et à adorer le démon, et lui deviendront semblables. Leur maudite loi dite *inviolable* sera jointe au contrat qu'ils auront passé avec Satan.

« Ils engageront les peuples à suivre cette loi avec menace de les y contraindre. Ils la feront afficher et lire publiquement, et publieront tous les genres de supplices destinés à punir les récalcitrants. Avant d'employer la rigueur, ils prendront des moyens plus efficaces de séduction. Les démons paraîtront sous la figure d'anges de lumière pour annoncer le vrai Messie ; il se passera plusieurs années avant qu'ils emploient la force ouverte et la contrainte, et alors commencera la persécution de l'Antechrist, qui sera devenu leur chef.

« Quand les complices de l'Antechrist commenceront la guerre, ils se placeront près de Rome, qui périra entièrement. Le Pape souffrira le martyre ; son siége sera préparé pour l'Antechrist. La sœur de la Nativité ignore si cela sera fait un peu avant l'Antechrist, par ses complices, ou par l'Antechrist lui-même.

« Hélas ! mon Père, dit la voyante à son directeur, je me trouve obligée de vous parler de la personne de l'Antechrist, ainsi que des maux que sa malice doit occasionner dans l'Église de Jésus-Christ...

« Quant à sa personne, Jésus-Christ m'a fait voir qu'il l'avait mise au nombre des hommes rachetés de son sang, et qu'il lui accorderait, dès son enfance, toutes les grâces nécessaires, et même des grâces prévenantes et extraordinaires dans l'ordre du salut.

« Dans un âge plus avancé, il ne lui refusera pas les grâces fortes de conversion, dont il abusera comme des premières : je vois qu'il les tournera toutes contre lui-même par un abus outrageant, par une résistance opiniâtre et superbe qui le conduira au comble de l'aveuglement de l'esprit et du cœur ; il méprisera tous les avis et les bons exemples de ses amis ; il étouffera tous les remords de sa conscience ; il foulera aux pieds tous les moyens par lesquels le Ciel tentera de le rappeler, sans jamais vouloir se rendre à la voix de Dieu, qui, de son côté, l'abandonnera enfin à son sens réprouvé, aussi bien que ses complices.

« Quand ce méchant paraîtra sur la terre, tout l'orgueil, toute la malice de l'Ange rebelle et de ses complices y paraîtront avec lui. Il semble qu'il sera accompagné de tout l'enfer et suivi de tous les crimes.

« Je l'instruirai, dit Satan, et le prendrai sous ma conduite dès son enfance ; il n'aura pas dix ans qu'il sera plus puissant, plus savant que vous tous... Dès ce même âge de dix ans, je le promènerai dans les airs, je lui ferai voir tous les royaumes et tous les empires de la terre. Je le ferai maître du monde... Il sera savant parfait dans l'art de la guerre. Enfin j'en ferai un dieu qui sera adoré comme le Messie attendu. Il n'agira dans toute sa pleine puissance qu'à l'âge de trente ans ; mais avant ce temps-là il fera valoir ses talents dans le secret. »

« Je ne puis marquer ici, ajoute la Sœur, tout ce qu'on dira de plus flatteur et de plus accompli sur sa personne, sur sa beauté, sur ses richesses. Il sera comme entouré d'une clarté divine plus brillante que le soleil ; il paraîtra accompagné d'une cour céleste d'anges qui marcheront à sa suite. Des légions entières d'anges lui rendront des hommages comme à leur roi, et l'adoreront comme le vrai Dieu tout-puissant et le Messie tant désiré. Ce seront autant de démons qui, sous la figure des anges de lumière, prophétiseront la venue de cet homme d'iniquité. Tous les suppôts de ce malheureux enfant de perdition se rassembleront autour de leur chef pour faire la guerre à l'Éternel. Jésus-Christ, alors, semblera leur dire ce qu'il dit aux satellites de Judas qui vinrent le prendre au jardin des Olives : *Votre heure est venue: la puissance des ténèbres va étendre son empire...* Et il leur permettra de pousser leur malice jusqu'au point qu'il a marqué, et où il a dessein de les arrêter sans qu'ils puissent jamais passer au delà.

« Je vois un si terrible scandale dans l'Église, un carnage si général dans l'univers, que la seule pensée en fait frémir. On n'a jamais vu tant de tromperies, de trahisons, d'hypocrisie, de jalousies, d'abominations, de scélératesses dans tous les genres... Une multitude d'illuminés, de faux dévots, de fausses dévotes, favoriseront beaucoup l'imposture, et étendront partout l'empire du charlatanisme par des illusions magiques capables de séduire l'entendement, l'esprit et le cœur des hommes qui en seraient le moins susceptibles. Jamais on n'aura vu tant de faux miracles, de fausses prophéties, ni de faux prophètes ; on ira jusqu'à faire paraître des lumières et des figures resplendissantes qu'on prendra pour des divinités... En un mot, tout ce que l'enfer porra inventer d'illusions et de prestiges sera mis en œuvre pour tromper les simples en faveur de l'Antechrist.

« Il est vrai que les ministres de Jésus-Christ combattront d'abord la nouveauté séduisante de ces fausses doctrines et l'imposture de ces prestiges, et que leur zèle, animé par l'Esprit-Saint, y mettra de grands obstacles en soutenant la cause de Jésus-Christ et la vérité de son Évangile... Mais, hélas! ces précieuses victimes seront bientôt traitées comme leur divin Maître : on se jettera sur elles; elles seront conduites au supplice; les enragés croiront, en les mettant à mort, détruire absolument son règne, mais ils ne feront que l'affermir de plus en plus. Oui, mon Père, je vois que loin d'affaiblir la Foi par le martyre de ses enfants, ils ne feront que la rallumer dans le cœur des vrais fidèles, et surtout des bons prêtres... Dieu m'a fait voir qu'en haine de sa religion et de sa personne adorable, ils s'étudieront à renouveler sur ses derniers disciples toutes les circonstances de sa passion douloureuse... Il y aura autant de martyrs à la fin qu'au commencement de l'Église, et j'ai connu que la persécution sera si violente dans les derniers temps, qu'en peu d'années il y en aura le même nombre d'immolés.

« Dieu gardera quelque temps le silence. Mais que peut toute la rage infernale contre la toute-puissance d'un Dieu ? C'est au moment qu'elle s'applaudit de sa victoire qu'il en triomphe avec éclat et la fait servir elle-même à sa gloire... Dieu, je le vois, dissimule donc, comme pour voir jusqu'à quel point ira l'insolence de son ennemi... Ah! mon Père, peut-elle aller plus loin ? Aveuglé par l'orgueil de Lucifer même, je vois ce téméraire s'élever dans sa présomption jusqu'au trône de l'Éternel, comme pour lui ôter sa couronne et la placer lui-même sur sa propre tête ; il porte l'aveuglement jusqu'à se croire la Divinité, jusqu'à s'efforcer de l'anéantir, afin d'occuper son trône et d'y recevoir l'adoration de toute créature, et étendre partout son empire sur les ruines de celui du Tout-Puissant.

« Tandis que par un dernier attentat, il s'efforçait, pour ainsi dire, de réduire l'Éternel sous ses pieds, Jésus-Christ l'extermine d'un souffle de sa bouche avec ses complices jusqu'au fond de l'enfer, pour y éprouver le sort de l'Ange rebelle dont il avait imité la révolte e l'orgueil. Je les y vois tomber si rapidement et avec tant de force que la profondeur de l'abîme en est troublée et que tout l'enfer en retentit!... Quel fracas! Satan lui-même en est épouvanté...

« J'ai dit, mon Père, que l'Antechrist était tombé avec ses complices; mais il s'en faut bien que tous ses complices soient tombés avec lui : il n'y a eu que les principaux et les plus coupables qui forment les deux tiers; car je vois que dans les desseins de la miséricorde, la bonté divine en a réservé un très-grand nombre, le tiers, à qui elle destine des grâces de conversion dont, en effet, plusieurs doivent profiter. Dieu voudra même, ainsi qu'il me le fit voir, suspendre en leur faveur certains signes et certains événements désastreux, pour leur laisser plus de temps de faire pénitence, et ce ne sera qu'après qu'ils auront satisfait à sa justice et désarmé sa colère par une douleur sincère et véritable et par les satisfactions d'un cœur contrit et humilié, que le Seigneur laissera un libre cours à tous les signes avant-coureurs de son Jugement. »

XII

PROPHÉTIES D'ANNA-MARIA TAIGI [1]

Voici, d'après les documents et les communications authentiques, quelques vues prophétiques de cette sainte femme.

Elle annonça :

1° Qu'il n'y aurait pas un grand nombre

---

[1] Anna-Maria-Antonia-Jésualda Gianetti, femme Taïgi, est né à Sienne, le 30 mai 1769, de parents honnêtes ; lesquels, en 1775, vinrent chercher à Rome l'obscurité et l'oubli convenant à leur ruine complète.

Par un privilége unique dans la vie des Saints, Anna-Maria, pendant 47 ans, a vu dans un soleil mystérieux, qui brillait sans cesse à côté d'elle, le passé, le présent, l'avenir, l'état de son âme, le fond des consciences, l'élection, le pontificat et la mort de plusieurs Papes, les événements politiques et religieux du monde entier, les conspirations

de Papes avant la fin des temps, mais elle n'a pas voulu en fixer le nombre.

2° La révolution que les impies devaient opérer à Rome en 1848-49, et combien aurait à souffrir alors le conducteur de la Barque de Pierre, ajoutant que le futur Pontife était encore simple prêtre, et hors de l'État, dans des contrées fort lointaines ; qu'il serait élu d'une manière extraordinaire ; ferait des réformes ; et que si les hommes en étaient reconnaissants, le Seigneur les comblerait de bénédictions ; mais que s'ils en abusaient, son brs a tout-puissant s'appesantirait sur eux pour les punir.

3° Que ce Pontife, choisi suivant le cœur de Dieu, serait assisté par lui de lumières toutes spéciales ; que son nom serait divulgué dans tout le monde et applaudi par les peu-

---

des sociétés secrètes, les persécutions et les triomphes de l'Église, etc.

ples ; que le Turc lui-même le vénérerait et l'enverrait complimenter.

4° Qu'il était le Pontife saint destiné à soutenir la tempête déchaînée contre la Barque de saint Pierre ; que le bras de Dieu le soutiendrait et le défendrait contre les impies, lesquels seraient humiliés et confondus ; qu'il aurait à la fin le don des miracles et que son règne durerait vingt-sept ans et environ six mois, ajoute-t-on.

5° Que d'épaisses ténèbres envelopperaient la terre pendant trois jours. Pestilentielles, horribles, peuplées de visions effroyables, ces ténèbres feront mourir surtout les ennemis hypocrites ou avoués de la sainte Église de Jésus-Christ : à ce sujet Anna-Maria a laissé des conseils aux fidèles, et parmi ces conseils on remarque celui de se munir de cierges bénits, parce que leur lumière seule luira dans l'obscurité.

6° Qu'une apparition céleste viendra rassurer les fidèles : saint Pierre et saint Paul se montreront sur les nuées, et tous les hommes verront, et la foi au surnaturel rentrera dans leur cœur. Et d'innombrables conversions d'hérétiques doivent s'opérer avec grande édification.

7° Enfin que l'Église, après avoir traversé plusieurs douloureuses épreuves, remporterait un triomphe si éclatant que les hommes en seraient stupéfaits et que des nations entières retourneraient à l'unité de l'Église romaine et que la terre changerait de face.

Anna-Maria parlait souvent au prêtre, son confident sus-nommé, de la persécution que l'Église devait traverser, et de la malheureuse époque où l'on verrait une foule de gens que l'on croyait estimables se démasquer. Elle demanda quelquefois à Dieu quels seraient ceux qui résisteraient à cette terrible épreuve ? Il lui fut répondu : « Ceux à qui j'accorderai l'esprit d'humilité. » C'est pour cela que la servante de Dieu établit dans sa famille l'usage de réciter après le Rosaire du soir trois *Pater*, trois *Ave* et trois *Gloria Patri* en l'honneur de la sainte Trinité, afin d'obtenir la mitigation du fléau que la justice divine réserve à nos temps malheureux.

XIII

PRÉDICTIONS AUGUSTINIENNES [1]

Vers le milieu du xixe siècle des séditions éclateront de tous côtés en Europe, principalement dans le royaume de France, en Suisse et en Italie.

Surgiront des républiques; des rois disparaîtront; des personnages ecclésiastiques et des religieux quitteront leurs demeures.

La famine, la peste et des tremblements de terre dévasteront plusieurs cités.

---

[1] Nous les dénommons ainsi parce qu'elles sont extraites de la Bibliothèque de Saint-Augustin, à Rome. Elles y furent copiées en 1859, par un vicaire de Mataro, en Espagne, lequel les publia dans le *Diario de Barcelona* du 3 août 1860.

Rome perdra le sceptre par suite de l'obsession des pseudophilosophes.

Le Pape sera emmené en captivité par les siens, et l'Église de Dieu subira le joug révolutionnaire ; de plus Elle sera spoliée dans ses biens temporels. Après peu de temps le Pape s'éteindra.

Un prince de l'Aquilon parcourra toute l'Europe avec une grande armée ; il renversera les républiques et exterminera les rebelles ; son glaive, mû par Dieu, défendra énergiquement l'Église du Christ. Ce souverain combattra pour la foi orthodoxe et conquerra l'empire mahométan.

Un nouveau pasteur de l'Église viendra d'un littoral, d'après un signe céleste ; il enseignera le peuple avec simplicité de cœur et selon la doctrine du Christ, et la paix sera rendue au siècle.

XIV

PROPHÉTIE PLACENTIENNE [1]

La guerre, la famine, la peste, les fraudes ruineront les royaumes de Saturne et les anciennes dynasties en seront chassées.

On y verra un Pontife possédant bien les clefs du Ciel, mais ne gouvernant plus de principauté terrestre. Chose affreuse, c'est alors que le bœuf rouge engendrera l'hydre.

Dieu laissera marcher l'incendie, il n'apai-

---

[1] Nous lui donnons ce titre parce qu'elle est tirée d'un vieux manuscrit de la Bibliothèque de Plaisance *(Placentia)* en Italie. Elle est connue depuis surtout un demi-siècle. — Voir *Qual sarà l'avvenire dell' Humanità*, 3ª ediz. Torino, 1862; et *Les Derniers Temps*, par M. l'abbé Rougeyron, Paris, 1866.

sera point sa colère jusqu'à ce que tous les maux aient frappé les nations de l'Ausonie. Cet état de choses durera environ un lustre.

Bientôt un oiseau gigantesque sortira comme d'un lourd sommeil. Au moyen de son bec tranchant et de ses ongles terribles, il coupera la tête au bœuf, et dans sa soif insatiable, il dévorera les entrailles du dragon impie. Il jettera par terre les trois couleurs gauloises, et remettra les rois à leur place.

Un homme juste et équitable, sorti de la Galatie, sera Pape ; dans tout le monde renaîtra la concorde avec la foi, et un seul prince régnera sur toutes choses.

XV

PROPHÉTIE WERDINIENNE [1]

Moi, abbé Werdini d'Otrante, averti par mon Ange gardien de l'époque prochaine de ma mort, j'ai écrit sur parchemin les événements qui m'ont été révélés et qui s'accompliront à l'ouverture du sixième sceau. J'ai renfermé ce manuscrit dans une petite cas-

---

[1] Titre dérivé du nom de l'auteur de cette prophétie l'abbé Werdini, né au commencement du treizième siècle, à Otrante, Italie, où il est mort vers les calendes de novembre en 1279. Cette prédiction est tirée d'une compilation rarissime imprimée en 1600, formant deux volumes in-folio. Elle fut découverte en 1593. — Jean-Baptiste de Rocoles en parle dans son *Introduction générale à l'Histoire*, t. I, p. 437, quatrième édition, 1672. — Voir l'*Oracle*, par M. Henri Dujardin, deuxième édition, p. 183.

sette de marbre, ordonnant, en vertu de la sainte obéissance, à Jacques d'Otrante et Maur de Palerme, mes disciples bien-aimés, de la déposer avec mon cadavre dans un sépulcre qui sera ouvert lorsqu'une brillante étoile luira sur la Chaire de saint Pierre et s'irradiera splendidement sur l'Église catholique, après avoir été élue contre l'attente des hommes, au milieu d'une grande lutte électorale. Ce bon Pasteur gardé par les anges, réparera bien des choses. Par sa vigilance et sa sollicitude on élèvera des autels, et les églises détruites seront rétablies. Alors un agréable guerrier viendra d'un pays étranger pour contempler la gloire de ce Pasteur ; et celui-ci l'installera d'une manière merveilleuse sur le trône 53. O... devenu vacant ; il le couronnera du diadème 9. 36. 6. 91. et demandera son aide dans son propre gouvernement. Puis, après un petit nombre d'années, cette étoile s'éteindra — *cadet*, — et le deuil — *luctus* — sera grand.

97. 5. 3. 5. 3. 2. 3. 5. 4. 663. 9. 997. 666. 3. 163. 43. 1. 6. 1. 96. 21. 3. 63. 4. 2. 7. 923. 196. 9. 3. 87. 6. + 310. 6. 3. 9. 963196. 21. 31. 953. 629. 9156. —

Après cela tout ira en décadence et au plus mal. Une bête sauvage très-méchante, dont la queue est pleine d'un vénin très-amer, entrera dans sa demeure et d'innombrables serpents se multiplieront. C'est pourquoi, lorsque le temps sera venu, ils envahiront aussi le domicile des ecclésiastiques et noieront les dignités sacerdotales dans une grande effusion de sang. Alors et en tous lieux les angoisses et la faim seront telles que la majeure partie des gens réclamera la mort.

En ce temps-là, beaucoup de villes principales périront, par le pillage et les guerres tant civiles qu'étrangères, particulièrement en

Italie, — dans le royaume de Naples et en Toscane ; malheurs aussi redoutables qu'effrayants, impossibles à concevoir ! Otrante, ma patrie, sera à son tour dévastée par le dragon mahométan. Rome sera singulièrement ébranlée, Florence aussi souffrira la concussion, attendant sa vengeance sous son chef apostat. Le nid des philosophes sera également tourmenté et Gênes subira les tribulations de l'ennemi. Ainsi me l'a révélé le Seigneur !

Les Turcs, ligués avec d'autres peuples, souilleront Venise et y provoqueront un combat à l'improviste. Tout le royaume de Sicile périra. Dieu soit propice à ses serviteurs ! Plusieurs monastères seront détruits par le venin de l'Aigle septentrional. Grande effusion de sang par suite de deux combats entre les Français et les Bataves.

Plaise à Dieu de détourner sa colère !

XVI

PRÉDICTIONS DE LA RELIGIEUSE DE * [1]**

Un autre jour de l'année suivante, je méditais encore, et Dieu me faisait voir la malice des hommes, et je ne pouvais comprendre comment il se faisait que la malice des hommes fût si grande. Or, un vieillard était là, parlant à un jeune homme, et lui montrant un poignard et un prince, et ce prince était comme le dernier de la race 53. 6... 1... Et le jeune homme faisait de la tête, de temps en temps, des signes négatifs. Et un autre jeune

---

[1] Ces prédictions furent imprimées et publiées, pour la premières fois, en 1832; par M. Demonville, d'après les fragments d'un manuscrit.

homme parut, et le vieillard lui parla comme au premier ; et ce jeune homme prit le poignard et une bourse pleine d'or qui était là aussi. Et la voix de Dieu me dit : « La corruption est générale parmi les hommes ; l'avarice, l'envie, la luxure les dominent ; ils commettront le crime que je t'ai révélé ; 5. 96. 653. + 3. 4. 9. 6. 1. + 3. 6. 1. 196. 2. 997. 13. 10. 912. 3. 2. + 3. 2. 3. 10. 912. sera doué de toutes les vertus, et il sera selon mon cœur. Et il régnera lorsque j'aurai fait disparaître ces impies de dessus la surface de la terre. Et il apportera avec lui le bonheur et la paix. »

Et neuf ans après, voyant les maux qui devaient tomber sur ma chère patrie, j'invoquai les archanges et les saints, patrons et protecteurs de la France. Je voyais donc ces maux et il me fut dit : « Il viendra ce temps, et il n'est pas éloigné, où toutes les puissances reconnaîtront l'autorité du Saint-Siége et que je suis le Seigneur. Or, quand elles seront presque bouleversées, ce sera alors qu'elles se sentiront disposées à reconnaître les prodiges qui sont sur le point de s'opérer. Heureux ceux qui croiront aux avertissements que j'enverrai ! »

Et encore cinq ans après, au mois d'octobre, je rendais gloire à Dieu de la promesse qu'il avait faite quatorze ans auparavant. Et je disais au Seigneur : « Seigneur, votre parole est véritable. Ce prince vous adorera, afin de nous apprendre à vous adroer ; et il vous aimera, Seigneur, pour que nous sachions vous aimer. » Et comme je disais encore : « Il sera le réparateur et le sauveur de ma patrie, » le Seigneur me dit : « Voici ce qu'il faut désirer : qu'il soit doux et humble de cœur. » Et la voix du Seigneur me dit encore : « Je lui donnerai toute puissance sur la terre et il marchera à ma droite jusqu'à ce que je réduise ses ennemis à le servir. Et le sceptre lui sera donné pour défendre l'autel et le trône ; et ses ennemis trembleront au jour de sa force. Il sera le Roi fort et il marchera avec le Pape saint. Il gagnera les nations et il les changera en de vrais adorateurs. Et tous ceux qui font souffrir des maux à mes serviteurs seront chassés loin de moi et ils seront regardés comme des insensés qui ont dit en leurs cœurs : « Il n'y a point de Dieu. » Or, j'aveuglerai ces ouvriers d'iniquité, et ils ne sauront pas s'entendre, et ils se révolteront les uns contre les autres. »

XVII

PROPHÉTIES DES SAINTS PÈRES [1]

Un roy de France empereur de toute la chrestienté vaincra les Turcs et mettra fin (aux) calamitez

Toutes prophéties et révélations demeurent d'accord, les Turcs même s'y attendent, qu'un roi de France lèvera les armes en main forte contre eux, et leur fera lâcher prise de tout ce qu'ils auraient conquis sur les terres des Chrestiens et en l'Orient et en l'Occident, et les réduira en son obéissance, et de l'Église

---

[1] Ces prophéties sont tirées d'un petit in-12 de 24 pages renfermant 14 chapitres. Il fut imprimé vers 1673, et se trouve à la Bibliothèque de Sainte-Geneviève, à Paris, lettre V, n° 710, sous le titre de *Prophéties et révélations des saints Pères*.

catholique ; et leur fera embrasser le baptême, et vivront en union de religion et fraternité catholique avec nous ; ce roi réunira l'empire divisé en l'Orient et l'Occident, et sera seul empereur du monde, aimé et redouté de tous les hommes. Jamais ne s'est vu monarque si zélé à l'honneur de Dieu, si victorieux, si puissant, ni si heureux en terre que lui. Par lui tous les royaumes chrestiens, auparavant désolés de toutes misères, seront relevés et rétablis en grande splendeur. Par lui, il n'y aura au monde qu'un Pasteur et une bergerie, tout schisme et hérésies ôtées ; tous tyrans et méchants tués, punis. Il y aura un saint Pape, un saint clergé, un saint Roi de France assisté de sainte noblesse et de bon peuple. La réformation en tous états sera embrassée et observée amoureusement et chacun craindra soigneusement d'offenser Dieu, et se tiendra en son devoir ; chacun s'évertuera en sa vocation de servir à Dieu en vraie et sainte religion catholique, en pureté de vie par tout le monde.

Trois temps de paix paisible seront avant la consommation du siècle premier (*lisez* dernier); la paix de Dieu le Père, qui a été depuis la création du monde jusqu'au déluge; la deuxième, de Notre Sauveur, qui fut sous l'empire d'Auguste, pendant la vie de Notre Sauveur, en son humanité au monde : et la troisième, la paix du Saint-Esprit, qui sera universelle, sous le règne du roi de France, ayant puni tous les tyrans de la terre ; car alors le Saint-Esprit vivra en tous Chrestiens sans hérésie ; mais bien en sainte charité.

L'ordre de ce qui pourra advenir cy après au monde.

Entre cy et la fin du monde, l'avarice, l'orgueil, l'ambition, le désir de s'entretenir à son aise, et vivre à son plaisir, le mépris de la sainte Religion et de ses supérieurs spirituels et temporels, crainte de Dieu perdue, et conscience ouverte à tous vices, nous éveilleront de grandes divisions en ces partialités, un grand schisme que l'on verra, non pour zèle à la Religion, mais pour obéir à son avarice et ambition, maintenant, par armes et par excès, schisme, la haine du clergé d'où se prendra à sujet de le dépouiller de tous ses biens temporels, ne lui laissant que le ministére nu de la cléricature, ce qui se fera par grandes émeutes et violences. Et pour punition de ce dépouillement du patrimoine de l'Église, arrivera guerre sanglante et meurtres entre les grands, car leur avarice leur fera porter envie aux richesses les uns des autres, et leur présomption leur fera perdre et oublier le respect et obéissance à qui ils le doivent, et voudront à raison de leurs puissances, moyens et opinions d'eux-mêmes être tous maîtres.

Ces guerres présenteront la planche au Turc pour marcher dans le royaume de l'Occident qu'il affligera de tout désastre et servitude, et extinction de tout respect et service de la Religion, achevant de dépouiller les églises de leurs trésors et ornements avec misères à tous états, non ci-devant vues. Ces victoires du Turc, vaincues par le roi de France seront suivies de conversion du Turc au Christianisme, et enfin de son empire mahométan. Viendra ensuite la réformation volontaire de tous états des Chrestiens en humble obéissance à l'Église catholique, et au roi de France. Cette réformation oubliée, fera voir Goth et Magoth, peuples scytiques et tartares, qui feront plus de cruautés que les Turcs ; ces barbares en mœurs et religion ouvriront la porte à l'Antechrist.

XVII

PROPHÉTIES SUR L'ORIENT [1]

La fortune flottera entre les Turcs et les Égyptiens ; tantôt ceux-ci battront leurs ennemis, et tantôt ils seront vaincus par eux. Et lorsque enfin les Égyptiens succomberont, ce sera après avoir chèrement vendu leur chute aux Turcs... Les Chrétiens traverseront la mer dans un élan spontané, avec tant de rapidité et tant de troupes, que l'on croira que toute la terre chrétienne vole en Orient...

---

[1] Cette prédiction est tirée d'un livre de la Bibliothèque de Sainte-Geneviève, lettre Q, n° 296. Il est intitulé : *Prognosticon D. Magistri Antonii Torquati*, etc. Il fut dédié à Mathias, roi de Hongrie, en 1480, et imprimé à Anvers en 1552.

La foi de Notre Seigneur Jésus-Christ sera portée dans les provinces de l'Orient, la croyance de Mahomet cessera, et les mahométans, les Indiens et les Juifs, demanderont le baptême de Jésus-Christ. Les Turcs embrasseront la foi du Christ, et les chrétiens qui avaient renié le Christ reviendront sous son joug si doux, et les empires seront soumis à un seul souverain...

Les Turcs seront extirpés. On verra les hommes passer la mer par grandes compagnies, et l'église de Sainte-Sophie sera en valeur, et viendra toute félicité. Le Lion sauvage sera amené à la mère Église chrétienne avec un laz de soie, et sera faite nouvelle réformation, qui durera longtemps. Et le nom de l'empereur des Turcs ne sera plus ouy entre les catholiques.

Un jour, la Mecque, Médine et autres villes de l'Arabie-Heureuse seront détruites, et les cendres de Mahomet, ainsi que ses partisans, seront dispersés sous les quatre vents du ciel. Ce sera un certain prince chrétien né dans un pays septentrional qui exécutera tout cela, et il prendra en même temps possession de l'Égypte et de la Palestine.

XIX

PRÉVISIONS DE CHATEAUBRIAND [1]

Il y a quelques vingt ans, Chateaubriand annonçait le *Monde Nouveau*, quand il disait :

« Un avenir sera un avenir puissant, libre de toute la plénitude de l'égalité évangélique, mais il est loin encore, loin au delà de tout horizon visible. Avant de toucher au but, avant d'atteindre l'unité des peuples, la démocratie naturelle, il faudra traverser la dé-

---

[1] René-François-Auguste, vicomte de Chateaubriand, est né à Saint-Malo, le 4 septembre 1768, et mort à Paris le 4 juillet 1848.

composition sociale, temps d'anarchie, de sang peut-être, d'infirmités certainement. Cette décomposition est commencée, elle n'est pas prête à reproduire de ses germes, non encore assez fermentés, le Monde Nouveau. »

En 1831, l'illustre auteur du *Génie du Christianisme* écrivait à la *Revue européenne :*

« ..... La société religieuse... se transfigurera comme le Chef divin à la fois sa source et son symbole, mais elle ne disparaîtra pas pour toujours, parce que son principe est la vie sans terme. Le Christianisme commença dans les catacombes, perça la terre pour monter dans les temples, élargit la vérité philosophique retenue prisonnière depuis trois mille ans dans ces temples, se répandit avec elle dans les villages, gagna les campagnes et s'établit de proche en proche sur le globe. Aujourd'hui, il se replie, quitte peu à peu la foule, rentre dans les églises, d'où il redescendra dans les catacombes pour en sortir de nouveau... et changer une seconde fois la face de la terre. »

Lorsqu'en 1848, l'insurrection de juin éclata à Paris, M. de Chateaubriand touchait à ses derniers moments. — En entendant un jour le bruit du canon et les clameurs sauvages de la rue, l'illustre vieillard prit amoureusement son crucifix, attacha sur l'adorable figure du Sauveur son regard si ferme et si doux, puis il dit avec un accent prophétique :

« Jésus-Christ seul sauvera la société moderne :

« Voilà mon Dieu !
« Voilà mon Roi ! »

Paroles génialement chrétiennes ! elles sont les dernières de Chateaubriand. — Comprises ou non des peuples et des potentats actuels, elles se réaliseront dans un avenir prochain par le bras tout-puissant du Seigneur !

Christus vincit.
Christus regnat. — Christus imperat.

XX

PRÉDICTIÒN DE M. L'ABBÉ MARGOTTI

En 1866, M. l'abbé Margotti, prêtre de Turin, rédacteur de l'*Unita Catholica*, écrivait ces frappantes paroles :

« Turin, 23 septembre 1866.

« Les journaux de Paris s'entretiennent en toute liberté de la chute imminente du Pape-Roi. Le *Siècle* dit que Pie IX vient de faire son testament ; le *Temps* lui promet un enterrement de première classe. Nous qui écrivons en Italie, parlons avec une même liberté de la chute du second empire napoléonien.

« La chute ne saurait être éloignée, car les deux causes de l'existence de cet empire ne subsistent plus. Ce furent la gloire militaire et la restauration catholique. Or, Napoléon III, au lieu de défendre la religion catholique, la livre à ses adversaires ; et, au lieu de combattre, il recule. C'est en allant à Rome qu'il devenait empereur : il s'en va de Rome, il s'achemine donc naturellement à sa ruine. Quand l'oncle recommença de persécuter Pie VII, J. de Maistre écrivait : « Bo-« naparte attaque le Pape, tant mieux ! A « présent, la chute de l'empire est certaine. » Eh bien ! nous disons la même chose du neveu. Il abandonne Pie IX, il livre Rome, tant mieux ! les funérailles du second empire ne tarderont pas. L'oraison funèbre est prête. On peut la diviser en trois points : Allemagne, Mexique, Rome. Allemagne et Mexique, déchéance de la gloire militaire ; Rome, abandon complet de ces traditions catholiques avec lesquelles la France ne rompra jamais, abandon par manque de cœur !

« Napoléon est au soir, la nuit vient! les Français perdront toute estime pour ce magnanime qui recule toujours. Recul en Pologne par crainte de la Russie, recul en Allemagne par crainte du fusil Dreysse, recul à Rome par crainte d'Orsini, de Mazzini et de la révolution. On prête au commandant de la garde de Napoléon Ier cette belle parole : « *La garde meurt et ne se rend pas.* » Napoléon, au contraire, se rend toujours, dans le fol espoir de ne jamais mourir. Il s'est rendu à Bismark, à Juarez, même à Ricasoli. Mais ceux qui se rachètent de la sorte ne se conserveront pas.

« Au milieu des incertitudes présentes, deux choses pourtant nous paraissent certaines : le triomphe du Pape-Roi et la chute du second empire. Sur ces deux points, nous avons l'âme en paix. Assurément, nous ne saurions dire de quelle manière et par quels moyens Pie IX triomphera. Nous n'ignorons pas moins les événements qui précipiteront Bonaparte ; mais nous voyons qu'il ne ménage rien pour faciliter sa propre ruine. La Providence divine se réserve les moyens déterminants d'accomplir ce qu'elle a promis de tout temps : « J'ai renversé les puissants de « leur trône, et j'ai exalté les humbles. » Nos pères et beaucoup de nos contemporains ont vu l'humble Pie VII exalté de sa prison, le puissant Napoléon déposé de son empire.

« Au Mexique, à l'Allemagne, à Rome, correspondent dans le premier empire l'Espagne, la Russie et Savone. La guerre d'Espagne, la campagne de Russie, la captivité du Pape préparent la chute de l'oncle; la bataille de Waterloo, le 18 juillet, termine tout, l'écrase, le jette à Sainte-Hélène. Cette bataille de Waterloo parut mystérieuse à Napoléon Ier lui-même. Quelqu'un la lui ayant rappelée au jour anniversaire, 18 juillet 1816, il s'écria très-ému : « Bataille incompréhen- « sible ! Concours de fatalités inouïes ! Il n'y « a eu que des disgrâces ! » Il ajoutait, se couvrant les yeux de ses mains : « Tout ne « m'a manqué que quand tout avait réussi ! »

« Eh bien ! que Napoléon III se prépare à pleurer les mêmes humiliations. Lui aussi verra venir sa journée incompréhensible.

« Dieu le fait passer maintenant par une série d'événements dont il ne comprend pas la portée, auxquels peut-être il ne pense pas. Viendra un jour où il y reconnaîtra le *concours de fatalités inouïes*.

« Et qu'il ne s'enorgueillisse point lorsqu'une chose qu'il veut réussit au gré de ses désirs, car à la fin, il se verra forcé de répéter avec le fondateur de sa dynastie : « Tout ne m'a manqué que quand tout avait « réussi ! »

« Nous prions les bonapartistes tant d'Italie que de France, de conserver cet article et de n'en point perdre la mémoire. *Rome est fatale. Elle l'a été au premier empire, elle le sera au second.*

« *N. B.* Nous adressons cette page si brève et si claire à Napoléon III, en sa villégiature de Compiègne, au général Fleury, commissaire de l'empereur à Florence, au baron de Malaret, dans la capital provisoire ; à l'ambassadeur français à Rome. Nous les exhortons tous à garder le présent numéro de l'*Unita Catholica*, afin qu'ils puissent le relire en temps opportun et voir si nous étions dans le vrai.

« Margotti, *prêtre.* »

Nous ne savons si ceux à qui M. Margotti avait envoyé son article l'ont lu, mais nous pensons qu'aujourd'hui personne ne le relira sans intérêt. Nous sommes du moins sûrs que tous ceux qui le liront sauront, même aujourd'hui, le bien comprendre.

XXI

PROPHÉTIE DU V. GRIGNON DE MONTFORT [1]

C'est par la très-sainte Vierge Marie que Jésus-Christ est venu au monde, et c'est aussi par Elle qu'il doit régner dans le monde. Si donc, comme il est certain, le règne de Jésus-Christ arrive dans le monde, ce ne sera qu'une suite nécessaire de la connaissance et du règne de la très-sainte Vierge Marie, qui

---

[1] Louis-Marie Grignon est né à Montfort-sur-Méen (Ille-et-Vilaine), le 31 janvier 1673. — Il est mort à Saint-Laurent, en 1716, dans sa quarante-troisième année. Son procès de béatification est introduit devant la cour de Rome. — Les prédictions que nous rapportons de ce vénérable serviteur de Dieu sont tirées de son *Traité de la vraie dévotion à la sainte Vierge*, in-18, Paris, 1852, quatrième édition, p. 1, 7, 22, 23 et 27 à 40 *passim*.

l'a mis au monde la première fois, et le fera éclater la seconde.

Marie a produit, avec le Saint-Esprit, la plus grande chose qui ait été et sera jamais ; c'est un Dieu-Homme ; et Elle produira les plus grandes choses qui seront dans les derniers temps : la formation et l'éducation des grands saints, qui seront sur la fin du monde, lui est réservée ; car il n'y a que cette Vierge singulière et miraculeuse qui peut produire, en union du Saint-Esprit, les choses singulières et extraordinaires.

C'est Marie seule qni a trouvé grâce devant Dieu, sans aide d'aucune autre pure créature : ce n'est que par Elle que tous ceux qui ont trouvé grâce devant Dieu l'ont trouvée, et ce n'est que par Elle que tous ceux qui viendront ci-après la trouveront.

(O Marie)! tous les riches du peuple, pour me servir de l'expression du Saint-Esprit, selon l'explication de saint Bernard, tous les riches du peuple supplieront votre visage de siècle en siècle, et particulièrement à la fin du monde, c'est-à-dire que les plus grands saints, les âmes les plus riches en grâces et en vertus, seront les plus assidues à prier la sainte Vierge, et l'avoir toujours présente, comme leur parfait modèle, pour l'imiter, et leur aide puissante pour les secourir.

J'ai dit que cela arriverait particulièrement à la fin du monde, et bientôt, parce que le Très-Haut avec sa sainte Mère doivent se former de grands saints, qui surpasseront autant en sainteté la plupart des autres saints, que les cèdres du Liban surpassent les petits arbrisseaux.

Ces grandes âmes, pleines de grâces et de zèle, seront choisies pour s'opposer aux ennemis de Dieu, qui frémiront de tous côtés, et elles seront singulièrement dévotes à la très-sainte Vierge, éclairées par sa lumière, conduites par son esprit, soutenues par son bras et gardées sous sa protection ; en sorte qu'elles combattront d'une main et édifieront de l'autre : d'une main elles combattront, renverseront, écraseront les hérétiques avec leurs hérésies, les schismatiques avec leurs schismes, les idolâtres avec leurs idolâtries, et les pécheurs avec leurs impiétés ; et de l'autre main, elles édifieront le temple du vrai Salomon et la mystique cité de Dieu. Elles porteront tout le monde, par leurs paroles et leurs exemples, à la véritable dévotion envers la sainte Vierge ; ce qui leur attirera beaucoup d'ennemis, mais aussi beaucoup de victoires et de gloire pour Dieu seul.

C'est par Marie que le salut du monde a commencé, et c'est par Marie qu'il doit être consommé.

Marie doit éclater plus que jamais en miséricorde, en force et en grâce dans ces derniers temps : en miséricorde, pour ramener et recevoir amoureusement les pauvres pécheurs et dévoyés qui se convertiront et reviendront à l'Église catholique ; en force contre les ennemis de Dieu, les idolâtres, schismatiques, mahométans, juifs et impies endurcis, qui se révolteront terriblement pour séduire et faire tomber, par promesses et menaces, tous ceux qui leur seront contraires; et enfin Elle doit éclater en grâce, pour animer et soutenir les vaillants soldats et fidèles serviteurs de Jésus-Christ, qui combattront pour ses intérêts.

Marie doit être terrible au diable et à ses suppôts comme une armée rangée en bataille, principalement dans ces derniers temps, parce que le diable, sachant bien qu'il a peu de temps, et moins que jamais, pour perdre les âmes, redoublera tous les jours ses efforts et ses combats; il suscitera bientôt de nouvelles persécutions, et mettra de terribles embûches aux serviteurs fidèles et aux vrais enfants de Marie, qu'il a plus de peines que les autres à surmonter.

C'est principalement de ces dernières et cruelles persécutions du diable, qui augmenteront tous les jours jusqu'au règne de l'Antechrist, qu'on doit entendre cette première et célèbre prédiction et malédiction de Dieu, portée dans le Paradis terrestre contre le serpent : « *Inimicitias ponam inter te et mulierem, et semen tuum et semen illius ; ipsa conteret caput tuum, et tu insidiaberis calcaneo ejus* : Je mettrai des inimitiés entre toi et la femme, entre ta race et la sienne ; elle-même t'écrasera la tête et tu mettras des embûches à son talon, » c'est-à-dire à ses humbles esclaves et à ses pauvres enfants qu'Elle suscitera pour lui faire la guerre.

Mais qui seront ces serviteurs, esclaves et enfants de Marie? Ce seront un feu brûlant des ministres du Seigneur qui mettront le feu de l'amour divin partout, et *sicut sagittæ in manu potentis*, des flèches aiguës dans la main de la puissante Marie pour percer ses ennemis; ce seront des enfants de Lévi, bien purifiés par le feu de grande tribulation et bien collés à Dieu, qui porteront l'or de l'amour dans le cœur, l'encens de l'oraison dans l'esprit, et la myrrhe de la mortification dans le corps, et qui seront partout la bonne odeur de Jésus-Christ aux pauvres et aux petits, tandis qu'ils seront une odeur de mort aux grands, aux riches et aux orgueilleux mondains.

Ce seront des nuées tonnantes et volantes par les airs, au moindre souffle du Saint-Esprit, qui, sans s'attacher à rien, ni se mettre en peine de rien, répandront la pluie de la parole de Dieu et de la vie éternelle ; ils tonneront contre le péché, ils gronderont contre le monde, ils frapperont le diable et ses suppôts, et ils perceront d'outre en outre, pour la vie ou pour la mort, avec leur glaive à deux tranchants de la parole de Dieu, tous ceux auxquels il seront envoyés de la part du Très-Haut.

Ce seront des apôtres véritables des derniers temps, à qui le Seigneur des vertus donnera la parole et la force, pour opérer des merveilles et remporter des dépouilles glorieuses sur ses ennemis ; ils dormiront sans or ni argent, et, qui plus est, sans soin au milieu des autres prêtres ecclésiastiques et clercs, *inter medios cleros*, et cependant auront les ailes argentées de la colombe, pour aller, avec la pure intention de la gloire de Dieu et du salut des âmes, où le Saint-Esprit les appellera ; et ils ne laisseront après eux, dans les lieux où ils auront prêché, que l'or de la charité, qui est l'accomplissement de toute la loi. Enfin nous savons que ce seront de vrais disciples de Jésus-Christ, qui, marchant sur les traces de sa pauvreté, humilité, mépris du monde et charité, enseigneront la voie étroite de Dieu dans la pure vérité, selon le saint Évangile, et non selon les maximes du monde, sans se mettre en peine, ni faire acception de personne, sans épargner, écouter, ni craindre aucun mortel, quelque puissant qu'il soit.

Ils auront dans leur bouche le glaive à deux tranchants de la parole de Dieu ; ils porteront sur leurs épaules l'étendard ensanglanté de la croix, le crucifix dans la main droite, le chapelet dans la gauche, les sacrés noms de Jésus et de Marie sur leur cœur, et la modestie et mortification de Jésus-Christ dans toute leur conduite. Voilà de grands hommes qui viendront ; mais Marie sera là par ordre du Très-Haut, pour étendre son empire sur celui des impies, idolâtres et mahométans ; mais quand et comment cela sera-t-il ?... Dieu seul le sait ; c'est à nous de nous taire, de prier, de soupirer et d'attendre : *Exspectans exspectavi.*

XXII

RÉVÉLATIONS DE SAINTE HILDEGARDE[1]

La création établie par Dieu pour l'utilité des hommes s'élève souvent contre eux ; ainsi ils sont envahis par l'eau et par le feu ; les

---

[1] Née de parents nobles en 1098, à Bickelnheim, bourg d'Allemagne, au Comté de Spanheim. Elle fonda sous la règle de saint Benoît et les us de Cîteaux, le monastère du Mont-Saint-Rupert, près Binghen, au diocèse de Mayence. Elle en fut abbesse pendant quarante ans et y mourut le 17 septembre 1180, dans sa quatre-vingt-deuxième année. Sa sainteté resplendit par de nombreux miracles durant sa vie et après sa mort.

Ses œuvres complètes parurent à Cologne, en 1566 ; e nos jours, elles furent rééditées par M. l'abbé Migne, sous ce titre : *Opera omnia sanctæ Hildegardis abbatissæ*. Elles forment un vol. in-4°

L'extrait que nous donnons ici est tiré de son *Liber divinorum operum simplicis hominis*, nᵒˢ 8, 17, 20, 21, 24, 25, 26 et 27 analysés.

ouragans et les intempéries de l'air leur dérobent les fruits de la terre; les plantes s'étiolent parce que l'air pur supérieur est vicié dans sa constitution primordiale, de sorte que l'été a souvent de la froidure et l'hiver une chaleur intempestive, puis tantôt une sécheresse si désolante, et tantôt une telle surabondance de pluie, que plusieurs croient à l'imminence de la fin du monde. Le soleil et la lune n'apparaissent que d'une manière irrégulière, leurs cours ne s'accomplissant plus comme primitivement dans l'ordre fixé par Dieu. Par suite de ces perturbations, on entend trembler la terre, comme si un énorme chariot courait à grande vitesse.

Dieu me découvre les événements sous l'emblème du lion; des guerres affreuses s'engageront plusieurs fois sans la crainte divine; des multitudes périront par les armes, et un grand nombre de cités seront détruites.

De même que l'homme, par sa force, l'emporte sur le sexe délicat, de même aussi la cruauté de certains hommes de ce temps troublera la société. Alors Dieu permettra à ses ennemis de déployer toute leur rage tyrannique pour purger la terre de ses iniquités, comme d'ailleurs il l'a toujours fait depuis l'origine du monde.

Quand les hommes seront assez purifiés par les fléaux, quand ils seront fatigués de la guerre, quand la crainte de Dieu aura touché leur cœur, ils reviendront vers la justice et la pratique des lois de l'Église.

Alors les prévaricateurs tomberont totalement dans le mépris et dans l'opprobre; et la justice avec la paix s'établiront par de sages décrets, si nouveaux, si surprenants que les hommes avoueront dans leur admiration n'avoir jamais rien vu, ni entendu de pareil.

Cette paix dont le monde jouira avant le

second avénement du Fils de Dieu, figurée par celle qui précéda son premier avénement, sera beaucoup plus complète que celle-ci. Il est vrai que la crainte de l'approche du dernier jour tempèrera la joie des hommes ; mais celle-ci les excitera à puiser dans la foi catholique les grâces dont cette foi est la source.

Les Juifs alors se joindront aux chrétiens et reconnaîtront avec bonheur que le Messie dont ils niaient la venue est réellement Jésus-Christ.

A cette époque surgiront de grands Prophètes, des hommes remplis de l'Esprit de Dieu, et le germe de toute justice fleurira parmi les fils et les filles des hommes, ainsi qu'Isaïe l'a prédit, en disant : « En ce temps, le germe du Seigneur s'épanouira dans toute sa munificence et sa gloire ; le fruit de la terre sera exalté ; et ceux des enfants d'Israël sauvés, seront transportés d'allégresse ! »

Or, dans ces heureux jours, un air pur et suave, mêlé à de douces rosées, rendront à la terre sa fécondité, et elle produira des fruits en abondance; car les hommes réconciliés avec Dieu marcheront avec ardeur dans les voies de la justice, de même qu'au temps de la débilité de la femme la terre avait refusé d'ouvrir son sein, parce que les éléments troublés par une juste punition de Dieu, à cause des péchés des hommes, étaient alors privés des principes réparateurs émanant de la Toute-Puissante-Bonté.

Les chefs de tout le peuple régleront toutes choses selon les lois divines de la justice. Ils interdiront les armes destinées à répandre le sang humain, ne réservant que les instruments utiles à l'agriculture. Quiconque sera pris en contravention périra par son propre fer.

De son côté l'Esprit-Saint répandra sur les

peuples les dons de prophétie, de sagesse et de sainteté avec tant d'abondance que ce sera comme un monde nouveau. De même que l'été est la saison des fleurs et des fruits, de même aussi ces heureux jours seront, par la puissance de Dieu, l'été véritable de l'Église, parce que toutes choses seront rentrées dans l'ordre et la vérité. Le clergé et les religieux, les vierges et les veuves fleuriront, ainsi que le reste de l'ordre social, et l'on vivra dans le mépris des grandeurs et des richesses superflues.

Alors les prophéties seront claires et leur vrai sens connu, les sciences seront agréables et fortes, et les fidèles s'y considèreront comme dans un miroir. Autant les saints anges s'éloignaient des hommes à cause de l'infection de leurs crimes, autant ils se rendront familiers avec eux en voyant leur nouvelle et sainte vie. Les justes, portant leurs regards vers la terre promise des Cieux, se réjouiront dans l'attente de l'éternelle récompense, tout en envisageant la proximité du jugement ; aussi seront-ils semblables à des voyageurs dont la joie n'est complète que lorsqu'ils sont arrivés dans leur patrie. — Les Juifs et les hérétiques seront également dans une grande allégresse, et ils se diront : « Notre gloire approche, et ceux qui nous ont opprimés seront foulés et chassés à leur tour. » Mais bon nombre de païens, frappés de la gloire et des richesses des peuples chrétiens, solliciteront le baptême et prêcheront hautement la doctrine de Jésus-Christ, de concert avec ceux-ci, comme il arriva au temps des Apôtres. Alors ils diront aux Juifs et aux hérétiques : « Ce que vous appelez votre gloire sera pour vous la mort éternelle, et celui que vous appelez votre chef sera à vos yeux, à cause surtout de sa fin lamentable, un objet d'horreur et d'épouvante ; c'est à cette époque que vous vous unirez à nous en voyant ce jour que nous a montré la race de l'Aurore, c'est-à-dire de la Bienheureuse Marie, l'étoile de la mer. »

Ainsi les jours de bonheur sus-annoncés seront des jours de force et de paix profonde, comparables à des soldats armés qui, couchés sur la pierre, tendent des embûches à leurs ennemis et les poursuivent jusqu'à la mort. Ces jours affirmeront l'approche du dernier des jours, parce que tout ce que les Prophètes avaient prédit de biens et de grâces aura alors son entière et complète réalisation.

Mais cette ferveur des enfants de l'Église venant à s'affaiblir dans une paix profonde et dans la surabondance de tous les biens qu'ils s'attribueront au lieu de les rapporter à Dieu et de lui en renvoyer toute la gloire, du sein de la félicité et de la paix où ils vivaient sans crainte, ils se verront tout à coup assaillis, sans aucune trêve, par toute sorte de calamités et de malheurs si grands, que la vie leur sera à charge et la mort préférable ; car les nations païennes, voyant les chrétiens plongés dans la paix, enrichis de toute espèce de biens et pleins d'une confiance téméraire en leur propre force, se diront entre elles : L'heure est venue, portons nos armes chez les chrétiens ; envahissons-les, désarmés qu'ils sont et sans force, nous pouvons les prendre et les égorger comme des brebis. Et ces barbares appelleront des régions éloignées une nation aussi féroce qu'immonde, pour commettre avec elle toutes sortes de maux et d'horreurs. Ils envahiront de tous côtés le peuple chrétien, qu'ils pilleront et massacreront horriblement. Plusieurs contrées seront dévastées et nombre de villes détruites. Ces jours de désolation et d'infamie annonceront l'approche des jours plus mauvais encore de l'Homme de péché.

Cependant, ramené à Dieu par tant de maux et ayant fait pénitence, le peuple chrétien tentera de résister par les armes à ces nations barbares, sans craindre la mort. Confiants en la protection de Dieu, comme des enfants fidèles, ils fondront sur leurs ennemis et en triompheront par sa puissance, car Dieu fera alors des prodiges comme il en faisait autrefois pour son peuple sous Moïse. Une partie de ces nations cruelles sera immolée par le glaive des chrétiens, et le reste chassé de leur pays. Alors une très-grande multitude de païens embrasseront la foi chrétienne, en s'écriant : « Le Dieu des chrétiens, qui fait par eux et pour eux de si grands prodiges, est le Dieu véritable. » De leur côté, les chrétiens vainqueurs diront : « Louons le Seigneur notre Dieu, il a véritablement fait éclater ses merveilles parmi nous qui avons triomphé en son nom. Notre force est sa louange et sa gloire, car par lui nous avons vaincu nos ennemis et les siens, parce que nous avons fermement cru et espéré en lui. » Et pour prévenir le retour des malheurs dont le bras du Seigneur les aura délivrés, ils rétabliront et fortifieront puissamment les villes et les places qui auront été détruites, afin de n'être plus brisés par de pareilles calamités.

Vers ce temps, les empereurs revêtus de la dignité romaine perdront la force et la vigueur avec laquelle ils avaient d'abord gouverné l'empire. Leur gloire ne sera plus que faiblesse, de sorte que, par la permission divine, leur autorité diminuera peu à peu et finira par s'éteindre dans leurs mains, à cause de leur vie tiède, servile et dissolue. Méprisables dans leurs mœurs, ils seront rejetés comme inutiles, ils voudront cependant être respectés et honorés des peuples, mais comme ils ne chercheront pas la prospérité ni le bonheur de leurs sujets, ils ne seront ni estimés, ni honorés comme ils le désirent.

Alors les rois et les princes des diverses nations soumises à l'empire romain s'en sépareront, n'en voulant plus supporter le joug. Chaque nationalité préférera s'élire un roi particulier pour ne dépendre que de lui, chacune affirmant que l'immense étendue de l'empire romain est plutôt pour elle une charge qu'une gloire.

Mais quand le sceptre impérial sera ainsi brisé, la tiare de l'honneur apostolique sera aussi déchirée. Les princes et les autres hommes, tant ecclésiastiques que laïques, enveloppés de froideur pour le Pontife romain, finiront par mépriser son autorité. Il se créeront alors, dans les différentes contrées, d'autres maîtres et d'autres archevêques qui relèveront d'un autre chef. Et le Pape tombera tellement de la haute dignité dont il avait été investi, qu'il pourra à peine conserver sous sa puissance Rome et quelques lieux limitrophes. Or, toutes ces choses seront causées tant par les guerres que par le consentement unanime des pouvoirs ecclésiastiques et civils, exhortant chaque prince séculier à fortifier son royaume et à gouverner son peuple, et chaque archevêque et autres ayant autorité spirituelle, à conduire leurs ouailles dans la voie droite, de manière à n'avoir plus à craindre le retour des maux dont ils ont été frappés par la permission de Dieu.

Ensuite l'iniquité, s'étant affaiblie, se cachera, mais parfois elle essaiera de relever la tête. Néanmoins la justice ayant repris sa force pour quelque temps, les hommes retourneront aux saintes coutumes et à l'antique discipline de l'Église. Chaque roi et chaque prince, ainsi que chaque prélat, sera animé par l'exemple de ceux qui pratiqueront la justice et vivront honnêtement ; chaque nation aussi se réformera sur le modèle d'une autre nation progressant dans le bien et marchant dans la voie de la vérité. L'air redeviendra pur et serein, les fruits de la terre seront excellents, et les hommes jouiront d'une santé robuste et vigoureuse.

En ce temps-là surgiront beaucoup de Prophéties et de nombreux Sages. On connaîtra entièrement les secrets des Prophètes, ainsi que le sens caché des autres livres de la sainte Écriture. Les fils et les filles prophétiseront comme déjà il a été annoncé antérieurement. Ils parleront avec une véridicité si pure et si limpide, que les esprits aériens ne sauront les contrefaire : car ils seront favorisés du même esprit prophétique que les Apôtres et les anciens Prophètes.

Cependant on verra aussi des hérésies et mille turpitudes s'accumuler avec tant de maux divers, qu'on s'attendra à l'apparition toute prochaine de l'Antechrist, car les hommes de ce temps avoueront n'avoir jamais vu autant de crimes et d'abominations, autant d'opposition contre la sainte Église. Ainsi, quand règne la justice, le mal la combat, et, elle, s'oppose aux progrès de l'iniquité : tel est l'état du monde, variant sans cesse.

C'est alors que les hommes, séduits de nouveau par les principes antichrétiens, fuiront la droiture et l'immuabilité de la foi catholique. Ils rejetteront le vrai Dieu pour s'abandonner au Fils de perdition, qui renversera toutes les saintes institutions et les lois de l'Église, en même temps qu'il accablera de maux les fidèles qui oseront lui résister.

XXIII

PROPHÉTIE DITE DE SAINT THOMAS D'AQUIN[1]

Quand Rome commencera à entendre les mugissements de la vache grasse, l'Italie sera en proie à la guerre et aux dissensions. Une haine violente éclatera entre son serpent ailé et le lion qui porte des lis. Malheur à toi, terre de Pise, le veau secoue sa corne naissante d'un air menaçant. Alors naîtra, au milieu des lis, le plus beau des princes, dont

---

[1] Né d'une famille illustre, en 1227, à Aquin, petite ville de Campanie, au royaume de Naples; mort le 7 mars 1274, à *Fuossa Nova*, célèbre abbaye de l'Ordre de Citeaux, dans le diocèse de Terracine. — Cette prophétie fut extraite d'un livre fort ancien à l'usage de cet illustre Dominicain. — Le nom de son auteur est inconnu.

le renom sera grand parmi les rois, tant à cause de la rare beauté de son corps, que de la perfection de son esprit. L'univers entier lui obéira, quand le chêne altier sera tombé et aura écrasé dans sa chute le sanglier au poil hérissé ; ses années s'écouleront dans le bonheur, de l'Occident au Levant, du Levant au Nord, et du Nord au Midi. De toutes parts il terrassera et foulera aux pieds ses ennemis. O Alpha et Oméga ! La vache grasse est unie à la couleuvre. Un roi monstrueux s'assiéra sur un trône mobile ; ce monarque échappera à grand' peine à une mort très-rapprochée. Lève-toi, sanglier hérissé, associe-toi aux lions, et tu prendras la couleuvre embarrassée dans ses plis tortueux. Le lion, surpris dans l'ivresse du triomphe, se laissera prendre par toi ; tu le tromperas et tu le feras périr. Malheur à toi, beau lion, quand tu te prépareras au combat, à l'ombre du chêne altier.

Malheur à toi, Ligurie, et à toi, Flandre ensanglantée ; tes prairies et tes fleurs seront dévastées. Le schisme sera renversé, quand le chêne, dans sa chute, écrasera le sanglier sauvage. Pleure, hélas ! malheureuse Babylone que de tristes jours attendent : comme la moisson mûre, tu seras fauchée, à cause de tes iniquités. Les rois s'avanceront contre toi des quatre coins du monde ; ils rassembleront les Saints de Dieu, pour qu'ils ne soient pas compris dans le Jugement, et qu'ils choisissent l'ange du Testament, qui doit convertir au Seigneur les cœurs pervertis et dissidents. La flèche de l'Italie, s'élançant vers le Levant, ira creuser les sillons pour y planter la vigne du vrai Sauveur, alors que fleurira le prince du nouveau nom, à qui tous les peuples se soumettront et à qui la couronne orientale sera donnée en garde.

Il surgira un monarque de l'illustre lis, qui

aura le front haut, les sourcils marqués, de grands yeux, le nez aquilin; il rassemblera une grande armée et détruira tous les despotes de son royaume, et les frappera à mort : fuyant à travers les monts, ils chercheront à éviter sa face. Il fera aux chrétiens la guerre la plus constante, et subjuguera tour à tour les Anglais, les Espagnols, Aragonais, Lombards, Italiens. Les rois chrétiens lui feront leur soumission, Rome et Florence périront, livrées par lui aux flammes, et le sel pourra être semé sur cette terre où tomberont sous ses coups les derniers membres du clergé. La même année il gagnera une double couronne; puis traversant la mer à la tête d'une grande armée, il entrera en Grèce, et sera nommé roi des Grecs. Il subjuguera les Turcs et les barbares, et publiera un édit par lequel quiconque n'adorera pas la croix sera mis à mort. Nul ne pourra lui résister, parce qu'il aura toujours auprès de lui le bras fort du Seigneur, qui lui donnera l'empire de l'univers entier : cela fait, il sera appelé la paix des chrétiens. Montant à Jérusalem sur le mont Olive, il priera le Seigneur et découvrant sa tête couronnée, et rendant grâces au Père, au Fils et au Saint-Esprit, il rendra l'âme en ces lieux avec la couronne ; et la terre tremblera, et l'on verra des prodiges.

XXIV

PROPHÉTIE DITE DE BÉMÉCHOBUS

Toute la terre sera livrée aux enfants d'Ismaël, qui promèneront à leur suite la dissolution. C'est pourquoi le Seigneur a appelé Ismaël leur père, instrument de guerre; et beaucoup de cités seront désolées, car les fils du désert viendront, et ce ne sont pas des hommes, mais des êtres odieux aux hommes. On les verra passer au fil de l'épée même les femmes enceintes, et immoler les prêtres dans

---

[1] Évêque martyr. Cette prophétie fut traduite de l'hébreu et du grec en latin par les soins de Béméchobus, qui, au rapport de saint Jérome, fut évêque de Patare en Lycie. Cette ville dépend du pachalik actuel d'Adana, en Turquie d'Asie.

le sanctuaire. Ils profaneront les églises... ils se revêtiront, eux et leurs épouses, des ornements sacrés. Ils attacheront leurs chevaux à la tombe des fidèles comme après un arbre. Ce sera parmi les chrétiens qui habitent la terre, une tribulation générale.

C'est alors qu'on distinguera parfaitement ceux qui croiront fermement au Seigneur. Car le Seigneur n'enverra pas ces tribulations aux chrétiens pour faire périr les justes et les croyants ; mais afin de voir sûrement les croyants les plus fidèles, car la vérité l'a dit elle-même : vous serez heureux lorsqu'on vous persécutera à cause de mon nom ; et en effet les Prophètes qui nous ont précédés ont été de même persécutés, or quiconque persévérera jusqu'à la fin sera sauvé.

Mais, après ces jours de tribulations, quand les fils d'Ismaël, vêtus d'habits resplendissants de pourpre et d'or, et comme des fiancés, se glorifieront de leurs victoires obtenues, de toutes parts, sur les chrétiens qui n'auront pu se soustraire à leurs bras, et diront : voilà que dans notre force nous avons vaincu la terre et tous ceux qui l'habitent, alors le Seigneur Dieu se rappellera dans sa miséricorde, sa promesse à ceux qui l'adorent, à ceux qui croiront au Christ, et il les délivrera du joug des Sarrasins.

Il surgira de la Gaule un peuple de chrétiens qui leur livrera bataille, les percera avec le glaive, emmènera leurs femmes captives, et massacrera leurs enfants. A leur tour les fils d'Ismaël rencontreront et le glaive et la tribulation. Et le Seigneur leur rendra le mal qu'ils auront fait, dans une proportion sept fois plus grande. Le Seigneur les livrera au bras des chrétiens dont l'empire sera élevé au-dessus de tous les empires. Le joug que les chrétiens leur imposeront sera dur, et ceux qui resteront seront esclaves. La terre, naguère désolée par eux, sera alors pacifiée. Les prisonniers qu'ils avaient faits reverront leur patrie, et la population croîtra et se multipliera.

Le roi des Romains montrera une grande indignation contre ceux qui auront renié le Christ en Égypte ou en Arabie. La paix et la tranquillité renaîtront sur la terre, paix comme il n'y en aura jamais eu, comme il n'y en aura jamais : le bonheur et l'allégresse seront partout. Le monde se reposera de ses tribulations. Ce sera là la paix dont l'Apôtre a dit : Lorsque la tranquillité sera faite, il y aura une mortalité soudaine ; les hommes seront comme ils étaient aux jours de Noé, mangeant et buvant, et faisant des fiançailles ; la crainte sera bannie de leurs cœurs.

Au milieu de ce calme, il sortira tout à coup du Nord, avec Gog et Magog, une nation qui fera trembler tout l'univers. Tous les hommes épouvantés se cacheront dans les monts, dans les rochers pour fuir leur présence. Ils ne sont pas de la race de Japhet. Fléau du Nord, ils dévoreront la chair humaine et les serpents, les femmes et les petits enfants. Nul ne pourra leur tenir tête. Sept ans après, quand ils auront pris la ville de Josèphe, le Seigneur enverra contre eux un de ses princes, et, dans un seul moment, les frappera du feu de la foudre : l'empereur de Grèce viendra et règnera à Jérusalem sept années. C'est alors qu'apparaîtra l'enfant de la perdition, l'Antechrist. Il naîtra dans Lorozaïn, sera élevé à Bethsaïda, et règnera à Capharnaüm, comme le Seigneur l'a dit dans l'Évangile : malheur à toi, Lorozaïn ; malheur à toi, Bethzaïda ; malheur à toi, Capharnaüm, si ton exaltation monte jusqu'au ciel, car tu descendras jusqu'à l'enfer. Ensuite le roi des

Romains et des Grecs montera à Golgotha où le Seigneur a daigné souffrir pour nous le supplice de la croix. Le roi des Romains ôtera sa couronne, puis la posera sur la tête du Christ, élèvera ses mains au ciel, et rendra son âme au Seigneur, le Roi des Chrétiens ; alors paraîtra dans le ciel le signe de la Croix ; l'Enfant de perdition viendra à son tour, pensant qu'il est Dieu. Il fera sur la terre mille prodiges. Par lui les aveugles verront, les boiteux marcheront, les sourds entendront, les morts ressusciteront, tellement que, s'il était possible, les élus eux-mêmes y seraient trompés. Il entrera à Jérusalem et s'assiéra dans le temple, comme s'il était le Fils de Dieu, et son cœur enivré d'orgueil, oubliera qu'il est fils d'un homme et d'une femme de la tribu de Dan ; trompeur et faux, il séduira par ses prestiges beaucoup de crédules. Alors Dieu enverra deux de ses plus fidèles serviteurs, Hénoch et Élie, conservés pour lui servir en témoignage contre son ennemi. Alors, seront les derniers, les premiers qui croiront à Juda. Élie et Hénoch l'attaqueront, à la face de tout le peuple, et le convaincront d'imposture et de fausseté. Les Juifs alors, de toutes les tribus d'Israël croiront et seront tués pour le Christ. L'Antechrist, saisi de rage, ordonnera la mort des Saints de Dieu, et de ceux qui auront ajouté foi à leurs paroles. Alors viendra le Fils de Dieu en personne. Notre Seigneur Jésus-Christ, porté sur les nuages célestes, environné de légions d'anges et de gloire divine ; aussitôt ils mettront à mort l'Antechrist, la bête, l'ennemi, le séducteur et ceux qui lui auront prêté leur appui. Ici ce sera la consommation des temps, et le Jugement commencera.

XXV

ORACLES DE LA SIBYLLE TIBURTINE OU ALBUNÉE

Il paraîtra un prince affreux, sous lequel commenceront des douleurs telles qu'on n'en aura jamais vu pareille série depuis le commencement du monde : combats, tribulations, effusion de sang, tremblements de terre, cités en captivité. Le Seigneur enverra dans sa colère un homme dont nul ne pourra secouer le joug, que le Seigneur lui-même. Les Romains seront battus, et la cité romaine sera

---

1 Elle fut *honorée* à Tibur, aujourd'hui Tivoli (Italie), comme une femme divine, notamment sous le règne des Tarquins. Elle prédit la naissance, la passion et la résurrection de Jésus-Christ, ainsi que son règne sur le monde et son second avénement.

détruite. Les ruines joncheront la terre : jamais monarque n'aura fait telle chose. Cette ville sera appelée Babylone ; ce règne sera de fer, et Rome sera en proie à la persécution et au glaive. Les hommes seront cupides, despotes, durs pour les indigents, oppresseurs, injustes, méchants. La résistance alors sera impossible, mais les Perses, les Macédoniens et les Grecs entendant parler de ce tyran, formeront une alliance, viendront à Rome, se saisiront du prince Salien, à qui ils feront subir une mort cruelle, et Rome brûlée sera vengée.

Alors surgira en Gaule un roi des Grecs, des Francs et des Romains, d'une stature élevée, beau de figure ; son corps et ses membres auront les plus belles proportions ; il portera écrit sur son front : cet homme doit véritablement venger le royaume des chrétiens, l'arracher au joug d'Ismaël, le conquérir sur les Sarrasins ; nul des Sarrasins ne pourra dès lors régner. Par sept fois, il leur fera le plus grand mal, ruinera leur empire, les frappera : après quoi la paix régnera chez les chrétiens jusqu'au temps de l'Antechrist. En ce temps là les richesses seront abondantes, la terre produira des fruits en quantité, si bien que trois boisseaux se vendront un denier. Le roi des Francs, Grecs et Romains, réclamant pour lui tout l'empire des chrétiens, dévastera toutes les îles et les cités païennes, renversera les temples de l'idolâtrie, et appellera tous les païens au baptême. La Croix sera dressée dans tous les temples, et quiconque ne l'adorera pas, sera puni par le glaive ; et quand les cent vingt années seront accomplies, les Juifs se convertiront à Dieu, et son sépulcre sera glorifié de tous. En ce temps-là Juda sera sauvé, et Israël reprendra confiance.

Un prince d'iniquité sortira alors de la tribu de Dan ; on l'appellera l'Antechrist. Enfant de la perdition, plein d'un orgueil et d'une malice insensés, il fera sur la terre une foule de prodiges pour appuyer l'erreur qu'il enseignera ; par ses artifices magiques, il surprendra la bonne foi de plusieurs qui verront, à sa voix, le feu descendre du ciel. Les années s'abrégeront comme les mois, les mois comme des semaines, la semaine comme le jour, et le jour comme l'heure.

Du Nord, sortiront les peuples les plus féroces qu'avait comprimés le roi Alexandre, savoir Gog et Magog. Ces peuples forment vingt deux royaumes, dont la population est aussi nombreuse que le sable de la mer. Le roi des Romains, quand il verra ces peuples s'avancer, convoquant ses troupes, les combattra à outrance et les taillera en pièces. Il viendra ensuite à Jérusalem, et gravissant le Golgotha, y déposera son diadème et toute sa pompe royale, et abandonnera son trône à Dieu le

Père et à Jésus-Christ son Fils. Il posera la couronne sur la sainte Croix, et lèvera les mains : aussitôt s'élèveront dans le ciel et la sainte Croix et la couronne royale, puis l'empire romain aura cessé d'exister.

Alors l'Antechrist se révèlera publiquement, il s'assiéra dans la maison du Seigneur, à Jérusalem. Pendant son règne paraîtront deux hommes illustres, Élie et Hénoch, pour annoncer la venue du Seigneur. L'Antechrist les mettra à mort, et deux jours après le Seigneur les ressuscitera.

Alors on verra une grande persécution, telle qu'il n'y en aura jamais eu et qu'il n'y en aura jamais plus. Dieu abrégera, non la mesure, mais le nombre de ces jours terribles, le Dieu dont il est écrit: Le jour s'accomplit par ton ordre. A cause des élus, par la vertu du Seigneur, l'Antechrist sera tué sur le mont Olive par Michel : soudain les morts renaîtront.

XXVI

PROPHÉTIE DE MERLIN JOACHIM [1]
— FRAGMENTS —

Je me suis réjoui de ce qui m'a été dit : après des souffrances encore éloignées des chrétiens,

---

[1] Merlin Joachim surnommé *le Prophète*, né en 1130, au bourg de Celico, près de Cosenza, au pays napolitain, fut page de Roger, roi de Sicile, et prit ensuite l'habit de Citeaux dans le monastère de Corazzo, dont il fut prieur et abbé. Avec la permission du Pape Luce III, Joachim se retira, vers 1185, dans la solitude de Casemar, où il resta deux ans occupé à commenter l'Écriture sainte. Il revint à Corrazo en 1187, et le Pape lui ayant ordonné de continuer son commentaire biblique, il obtint de se démettre de son abbaye. Joachim alla se fixer à Flora, en Calabre, où il fonda un monastère dont la règle était calquée sur celle de Citeaux. Il mourut en 1202, âgé de soixante-douze ans, laissant un grand nombre d'ouvrages imprimés en un in-f°, à Venise, en 1516. Les *Acta Sanctorum* contiennent des détails sur la vie de Joachim, et dom Gervaise, abbé de la Trappe, a écrit son *Histoire* en 2 vol. in-12, 1745.

et après une trop grande effusion de sang innocent, la prospérité du Seigneur descendra sur la nation désolée. Un pasteur remarquable s'assiéra sur le trône pontifical, sous la sauvegarde des anges. Pur et plein d'aménité, il résiliera toutes choses, rachètera, par ses vertus aimables, l'État de l'Église, les pouvoirs temporels dispersés. Il révérera les étoiles, et craindra le soleil, parceque sa conscience sera dans la main du Seigneur. Il l'emportera sur toute autre puissance, et reconquerra le royaume de Jérusalem. Un seul pasteur conduira à la fois les Églises orientales et occidentales. Une foi unique sera en vigueur. Telle sera la vertu du bienfaisant pasteur, que les sommets des monts se courberont en sa présence. Ce saint homme brisera l'orgueil des religieux, qui rentreront tous dans l'état de la primitive Église, c'est-à-dire qu'il n'y aura plus qu'un seul pasteur, une seule loi, un seul maître, modeste, humble, craignant Dieu.

Le véritable Dieu des Juifs, le Seigneur Jésus-Christ fera tout prospérer au-delà de toutes les espérances humaines, parce que Dieu est le seul qui puisse épancher sur la plaie le baume onctueux et adoucissant. Homme excellent, quand il te sera apparu dans l'air un monstre, tu trouveras une route toute prête du côté de l'Orient, et après trois fois trois années tu rendras ton âme à Dieu.

Les cieux racontent la gloire de Dieu, et les fidèles sont dans la joie et le bonheur, puisque le Seigneur a daigné leur faire grâce et qu'il invitera ses élus au banquet de l'Agneau, où des chants mélodieux et d'harmonieux concerts des psalmistes se feront entendre. Telle sera la puissance de sa bonté qu'elle mettra une digue à la fureur et à l'impétuosité des flots menaçants. Les monts

courberont leur faîte devant lui, la mer se
dessèchera, les morts ressusciteront, les autels seront dressés, les églises ouvertes.
Alors un monarque gracieux de la postérité
de Pépin, viendra en pèlerinage voir l'éclat
du glorieux pasteur dont le nom commencera
par un R. Un trône temporel venant à vaquer,
le pasteur y colloquera ce roi, qu'il appellera
à son secours. Vous saurez qu'il aura deux
têtes : une d'Orient, l'autre d'Occident. Ce
pasteur brisera les arcs et dispersera les
balistes ; il fera la joie des élus du Seigneur.
Pasteur angélique, il promènera le bâton de
l'apôtre par tous les pays. Grâce au soin et
à la sollicitude du digne pasteur, il se fera
entre les Églises latine et grecque une réunion indissoluble ; et, dans le principe, pour
amener ces heureux résultats, recourant à
des secours puissants et temporels, le saint
Pontife invoquera l'aide du monarque géné-

reux de la France ; avant qu'il puisse être affermi et solidement assis sur le Saint-Siége, il y aura des guerres innombrables, des luttes pendant lesquelles le trône sacré sera ébranlé. Mais, à la faveur de la clémence divine, tout répondra aux vœux des fidèles, de telle sorte qu'ils pourront célébrer par leurs chants la gloire du Seigneur.

On peut appeler le saint homme réformateur aussi bien que pasteur. Grâce à lui les Orientaux ne seront jamais en discorde avec les Occidentaux. La ville de Babylone sera alors la tête et le frein du monde. Rome, réduite presque à rien temporellement, conservera toujours sa supériorité dans les choses spirituelles, et demeurera en paix. Dans ces heureux jours de tranquillité, le pasteur angélique pourra adresser au ciel des prières pleines de douceur. La nation dispersée goûtera elle-même la tranquillité. Mais six ans et demi après ce temps, le Pontife rendra son âme à Dieu : sa mort sera entourée du prestige des miracles. La fin de ses jours arrivera dans une province aride, située entre un fleuve et un lac, près des montagnes...

Un homme d'une sainteté remarquable sera élevé au Siége pontifical, le Seigneur se servira de lui pour opérer tant de prodiges, que tout homme le révèrera, et nul n'osera contrarier ses préceptes.

Il défendra que plusieurs bénéfices se cumulent sur la même tête, et il fera en sorte que le clergé vive des dîmes et des offrandes des fidèles. Il interdira la pompe des vêtements, et tout ce qui n'est pas honnête dans les danses et les chants; il prêchera l'Évangile, et exhortera les femmes honnêtes à paraître en public sans or ni pierreries. Après avoir longtemps occupé la papauté, il rejoindra heureusement le Seigneur.

8.

Immédiatement après lui, Dieu fera paraître trois hommes d'une vertu édifiante : l'un suivra l'autre, et comme lui donnera l'exemple des vertus, et fera des miracles, confirmant les leçons de leur prédécesseur. Sur leurs règlements l'Église se développera, et on appellera ces Pontifes les PASTEURS ANGÉLIQUES.

XXVII

VISIONS DE MARIA-ANTONIA

RELATIVES AU SAINT CONCILE ŒCUMÉNIQUE DU VATICAN.

Au commencement de 1869, un respectable curé espagnol a publié à Madrid, avec la permission de l'Ordinaire, la Vie abrégée de Maria-Antonia del Señor, morte en odeur de sainteté le 17 avril 1863, à l'âge de soixante-dix-sept ans, et dont il avait été le directeur. — Cette pieuse femme fut l'étonnement de l'Europe, tant par l'éclat de ses vertus que par la singularité des voies par lesquelles il plut à Dieu de la conduire. Elle passa la plus grande partie de sa longue carrière à faire des pèlerinages, ce qui la fit surnommer la *Pèlerine*.

Voici d'après une publication religieuse [1], un curieux fragment tiré de la *Vie de Maria-Antonia*, et renfermant une prédiction plus curieuse encore :

« Lorsque le gouvernement d'Espagne entreprit de faire la guerre au Maroc en 1859, la Pèlerine étant un jour appliquée à prier pour l'heureuse issue de cette guerre, vit Notre Seigneur lui apparaître avec une physionomie empreinte d'une profonde tristesse. Il lui dit d'un ton de voix si douloureux qu'il lui semblait qu'elle en avait les entrailles déchirées : « On veut donc encore me chasser

---

[1] *La Femme chrétienne dévouée à la gloire de Dieu et au triomphe de l'Église* ; journal paraissant à Blois, le 1ᵉʳ et le 16 de chaque mois, sous la direction de M. l'abbé Richaudeau, aumônier des Ursulines, à Blois (Loir-et-Cher). Prix de l'abonnement annuel : 4 fr. — Voir t. III, p. 258-262.

« de chez moi ! » Cela lui rappela la manière dont il lui avait parlé en 1829, lorsqu'il lui annonça, dans l'octave de la Fête-Dieu, les événements qui eurent lieu cinq ans après, c'est-à-dire la révolution de 1834 et le massacre de plusieurs religieuses à Madrid et dans d'autres villes.

« Elle ne pénétra pas le sens des paroles du Sauveur ; cependant elle comprit que la plainte qu'il lui faisait entendre concernait quelque chose d'une plus grande portée et d'un intérêt plus général que n'aurait pu être le mauvais succès des affaires d'Espagne.

« Sans se mettre en peine d'en savoir davantage, elle ne cessait de prier avec ardeur pour écarter les maux qui lui étaient annoncés, lorsque, durant l'octave de la Fête-Dieu de l'année suivante, Notre Seigneur daigna, dans une nouvelle représentation, lui expliquer le sens des paroles qu'il lui avait fait eutendre un an auparavant.

« Elle voyait devant elle une vaste campagne, toute remplie d'une foule tumultueuse. Le plus grand nombre dansaient et se livraient à la débauche. Elle en distingua quelques-uns qui, sans prendre part à l'agitation (bullanga), y assistaient impassibles. A l'extrémité de cette campagne, elle vit une espèce de chapelle, ou plutôt une partie d'une grande église, mais découverte et sans autres murs que celui auquel était appuyé l'unique autel qu'on y voyait en face de la campagne. C'est-à-dire que, d'après son explication, cette chapelle semblait être comme le sanctuaire dévasté d'une église.

« Elle vit à l'autel un personnage placé sur un trône, mais qu'elle ne connut pas alors ; et sur des gradins vis-à-vis et de chaque côté, près de siéges disposés comme ceux où le célébrant et les ministres ont coutume de s'asseoir pendant le sermon, un petit nombre de personnes qui priaient à genoux.

« Cette représentation lui fut mise sous les yeux quatre jours de suite. Au quatrième jour, elle vit la foule se soulever avec précipitation, et, avec une joie féroce [1], maltraiter et couvrir de blessures le personnage du trône, causant surtout à son âme une peine très-profonde. La servante de Dieu ne comprenait cependant pas encore ce que cela pouvait signifier.

« Mais le jour de l'octave étant arrivé, elle aperçut au milieu de cette même campagne deux prêtres debout avec des dalmatiques rouges; ils semblaient être venus pour

---

[1] Le mot espagnol *algazara* désigne le cri des Maures s'élançant d'une ambuscade.

garder le cadavre du personnage maltraité, lequel, mis dans un cercueil et couvert d'une draperie également rouge, se trouva placé entre ces deux prêtres.

« A ce moment, elle commença à comprendre, par une lumière d'en haut, que le personnage qu'elle avait devant les yeux était le Pape actuel, l'immortel Pie IX, qui, pour la consolation des catholiques et l'espérance du monde, dirige aujourd'hui les destinées de l'Église. Ce vénérable vieillard, si fort dans sa faiblesse, doué d'un courage si inébranlable dans son abandon, frappe d'étonnement les nations égoïstes, indifférentes et qui ont perdu la foi, parce que, dans leur déplorable aveuglement, elles ne comprennent pas le véritable secret de cette force mystérieuse ; tandis que tous les vrais fidèles tournent leurs yeux inondés d'abondantes larmes vers cette radieuse et imposante figure du XIXᵉ siècle, pour y chercher la consolation et la confiance que son seul nom fait pénétrer dans les cœurs.

« La Pèlerine comprit encore, à ce moment, que cette plainte si expressive et si douloureuse : « On veut donc encore me chasser de « chez moi ! » faisait allusion à cette guerre impie et sacrilége.

« Le lendemain du jour où l'Église, notre Mère, célèbre la fête du Sacré Cœur de Jésus, elle vit encore cette même chapelle et cette même campagne, mais il n'y avait plus de foule tumultueuse ; on y voyait au contraire, une grande quantité de brebis. Beaucoup étaient toutes blanches ; d'autres étaient marquetées et semblaient avoir des taches. Dans la chapelle, elle vit la très-sainte Vierge, couverte d'un manteau brun foncé presque noir, paraissant fort triste et telle à peu près qu'on la représente le Vendredi saint. Cette très-aimable Reine lui parla et lui dit que l'Église avait encore à passer par bien des épreuves, mais qu'à la fin Elle triompherait et arriverait à jouir de la paix. Outre la neuvaine qu'elle faisait alors au Sacré Cœur de Jésus pour les besoins de l'Église, la sainte Vierge lui recommanda d'en faire une autre pour le Souverain-Pontife, spécialement afin que Dieu lui donnât la force, et de plus qu'il le remplît de grâce pour pardonner à ses ennemis...

« Cette vision rendit la servante de Dieu extrêmement inquiète sur le sort du Pape. La fureur de ses ennemis ne se porterait-elle pas un tel excès que, renouvelant ce qui s'est passé aux premiers siècles de l'Église, ils feraient couler le sang du pasteur suprême dans ces rues de la grande ville de Rome encore teintes de celui d'un si grand nombre de ses prédécesseurs? Cependant comme sur ce point on ne lui fit rien entendre, et que, d'un d'autre côté, elle avait une expérience constante du caractère symbolique des annonces qui lui étaient faites, elle inclinait à croire que le Christianisme ne serait pas témoin d'un scandale aussi abominable, spectateur d'un événement aussi douloureux. Mais ce dont elle ne pouvait douter, c'est qu'à cause de ses nombreux travaux, il était réservé à Pie IX d'avoir dans le ciel sa place au milieu des martyrs. »

Le docte et pieux rédacteur de la *Femme chrétienne* ajoute à ce fragment les réflexions suivantes aussi sagaces que judicieuses, en même temps que louables dans leurs réserves :

« Que faut-il penser de ces prédictions ? Nous sommes loin de prétendre qu'on doive les regarder comme étant l'effet d'une révélation incontestable. Nous commençons par nous approprier cette déclaration de l'auteur de la biographie : « Dans tout ce que nous disons ici, qu'il s'agisse de faveurs surnaturelles, de vertus, de perfection, ou des mots de *sainteté* et de *servante de Dieu* que nous employons en parlant de celle dont nous avons écrit la vie, nous n'avons pas intention d'attribuer à nos paroles d'autre valeur que celle que peuvent mériter une relation et une autorité purement humaines, nous soumettant d'une manière absolue et aveugle au jugement de l'Église, notre Mère. »

Cette réserve faite, disons sans crainte qu'il y a là quelque chose de bien remarquable. Huit ans avant que le Pape eut fait connaître son intention de convoquer un Concile et lorsqu'il était surtout impossible de prévoir que ce Concile se tiendrait dans un bras de la croix de l'église du Vatican, une pauvre femme voit une partie d'une grande église avec un autel, le Pape sur un trône, des siéges devant lui et aux deux côtés, un *petit* nombre de personnes qui prient auprès de ces siéges, c'est-à-dire, il nous semble du moins, qui soutiennent le Concile par leurs prières, mais les évêques ne paraissent pas, c'est comme s'ils étaient absents, peut-être parce que ces prières sont insuffisantes. En effet, voilà que tout à coup la foule des révolutionnaires se jette sur le Pape et exerce sa rage sur sa personne sacrée. Plus de Concile ! la partie de l'église du Vatican où il était réuni ressemble à un sanctuaire dévasté.

Puis la révolution s'est évanouie et le Concile reparaît : les évêques, qui sont des brebis à l'égard de Pierre, sont réunis de nouveau. Presque toutes ces brebis sont entièrement blanches, quelques-unes seulement ont des taches. L'Église aura encore des épreuves, mais à partir de là son triomphe est assuré, et il l'est par la dévotion au Sacré Cœur de Jésus et l'intervention de la sainte Vierge.

Cette explication de la vision de Maria-Antonia est-elle juste? Nous n'oserions pas l'affirmer; mais il y a au moins, nous le disons encore, quelque chose qui mérite attention dans un récit qui remonte à dix ans, alors que rien, ce semble, ne pouvait donner lieu à une rêverie pareille, si c'était une rêverie.

Dira-t-on que l'auteur de la brochure a lui-même inventé cette révélation ou qu'il l'a arrangée à sa manière? Mais quel motif pouvait-il avoir, quel but pouvait-il se proposer? Cette supposition est-elle vraisemblable à l'égard d'un prêtre qui laisse voir la plus tendre piété et le plus vif amour pour l'Église à chaque ligne, pour ainsi dire, qu'il trace sur le papier?

On dira encore : Une pareille révélation

ne serait propre qu'à jeter la terreur et le découragement dans les âmes, donc elle ne peut pas venir de Dieu. Nous répondrons qu'il n'en est nullement ainsi, qu'il n'y a rien là qui soit de nature à décourager, par la raison que quand Dieu menace, c'est qu'il désire être désarmé ; quand il laisse entrevoir un châtiment, c'est pour qu'on l'évite. Or un moyen infaillible pour détourner les menaces de Dieu et pour éviter ses châtiments, c'est la prière.

Si donc cette prédiction vient véritablement de Dieu, on doit la regarder, non comme une fatalité inévitable, mais comme une menace paternelle qui est plus l'effet de l'amour que de la colère. Si Notre Seigneur, après avoir parlé à une âme privilégiée, a permis que cette révélation devînt publique, il s'est proposé de porter tous les vrais enfants de l'Église à redoubler de zèle et d'ardeur pour obtenir que la grande œuvre du Concile arrive heureusement à sa fin, pour que cette auguste assemblée, qui doit avoir tant d'influence sur les destinées futures de l'Église, poursuive tranquillement ses travaux, et qu'elle soit, au milieu des menaces et des fureurs de la révolution, comme le rocher contre lequel vont se briser les vagues écumantes.

Enfin, si l'on refuse d'admettre qu'il y ait rien de surnaturel dans ce que nous venons de faire connaître, il restera encore de puissants motifs pour craindre des événements semblables à ceux que l'on y annonce, et, par conséquent, pour prier? Est-ce que la révolution n'est pas toujours là menaçante? Est-ce que les plus grands ennemis de l'Église ne frémissent pas de rage en voyant tous les évêques du monde réunis sous leurs yeux après qu'ils ont dit tant de fois : « Rome ou la mort? » Est-ce que le moindre événement, un incident quelconque dans la politique ne peut pas leur permettre de se ruer sur la Ville sainte et d'y exercer une affreuse vengeance ?

On dit : La sainteté de Pie IX sera notre sauvegarde ; mais Grégoire VII était-il moins saint ? Cependant il a été forcé de mourir en exil. Combien d'autres Papes d'une sainteté éminente, sans même compter les martyrs, ont passé par les plus rudes épreuves !

Il faut donc prier et beaucoup prier. La prière est toute-puissante quand elle est bien faite, quand elle est faite avec confiance et persévérance ; mais elle est indispensable.

Si, comme nous sommes porté à le croire, d'après l'opinion vers laquelle penchait elle-même Maria-Antonia, cette représentation est purement symbolique, si elle nous met sous les yeux uniquement ce que désireraient faire les ennemis de l'Église, et non ce qu'ils feront, il restera toujours certain que cette pieuse femme a vu le Concile du Vatican neuf années avant que personne pût en avoir l'idée naturellement parlant.

Il n'est peut-être pas sans à-propos de rapprocher de cette prédiction un mot sorti dernièrement de la bouche de Pie IX, dans une allocution qu'il adressait à une vingtaine de personnes admises à son audience. Prenant pour sujet l'Évangile du jour, c'était la ressurrection de la fille de Jaïre, il trouva dans cette jeune fille morte aux yeux de tous, et dont les funérailles se célébraient déjà, une vive image de la papauté. « *On la croit morte aussi*, dit-il en souriant, *on se croit déjà à ses funérailles; mais rassurez-vous, le Seigneur est là, et ma présence ici à l'heure qu'il est ne vous dit-elle pas que la main du Christ l'a touchée ?*

XXVIII

PROPHÉTIE DE BLOIS

Il circule, dans le pays blaisois, une prophétie qui a trait aux événements de l'année 1848 et de l'année 1870. Elle a été faite en 1808 par une Sœur ursuline.

SŒUR MARIANNE A SŒUR PROVIDENCE DES URSULINES.

1848

7. Ils recommenceront donc au mois de février; vous serez sur le point de faire une cérémonie de vœux, et vous ne la ferez pas.

8. Ensuite, avant la moisson, un prêtre

de Blois partira pour Paris ; il y restera trois jours, et reviendra ayant soin qu'il ne lui arrive rien. Un autre, qui ne sera pas de Blois, partira ensuite. Il n'ira pas jusque là, parce qu'il ne pourra pas entrer. Il reviendra donc le même jour.

Nota. — Il est reconnu à Blois qu'en juin 1848 cette partie de la prophétie a été accomplie à la lettre.

1870

9. Si ce trouble devait être le dernier, on se cacherait dans les blés, et les femmes feraient la moisson, car tous les hommes partiront ; ils n'iront que petit à petit, et ils reviendront.

10. Les séminaristes auraient pu partir, mais il ne leur arrivera rien, car ils seront sortis quand les malheurs arriveront, ils ne rentreront pas même au temps fixé ; pourtant ils auraient pu rentrer (elle répète cela plu-

sieurs fois). Comme la sortie des séminaristes est dans la première quinzaine de juillet, les grands malheurs commenceront donc après cette époque.

11. La mort d'un grand personnage sera cachée pendant trois jours.

12. Les grands malheurs auront lieu avant les vendanges. Il y aura des signes auxquels vous vous y reconnaîtrez. Ces signes regardent la communauté. Un d'eux est l'élection d'une supérieure qui, devant avoir lieu, ne se fera pas.

13. Alors on descendra un matin sur le champ de foire, et on verra les marchands se dépêcher d'emballer. « — Et pourquoi, leur dira-t-on, emballez-vous si vite ? — Nous voulons, répondront-ils, aller voir ce qui se passe chez nous. »

Nota. — Cette foire se tenant à Blois entre la sortie et la rentrée des séminaristes, puisque les grands malheurs doivent avoir lieu avant les vendanges, ne peut être que la foire du 25 août; le trouble aura donc commencé ce jour-là.

14. Que ces troubles sont effrayants !

15. Pourtant ils ne s'étendront pas dans toute la France, mais seulement dans quelques grandes villes, et surtout dans la capitale, où il y aura un combat terrible, et le massacre sera grand.

16. Blois n'aura rien. Les prêtres, les religieux auront grand'peur. L'évêque s'absentera dans un château; quelques prêtres se cacheront; les églises seront fermées, mais si peu de temps qu'à peine si l'on s'en apercevra : ce sera au plus l'espace de vingt-quatre heures.

17. Vous serez vous-même sur le point de partir, mais la première qui mettra le pied sur le seuil de la porte vous dira : Rentrons, et vous rentrerez.

18. Avant ce temps, on viendra dans les

églises, et l'on fera dire des messes pour les hommes qui seront au combat.

19. Quant aux prêtres et aux religieuses de Blois, ils en seront quittes pour la peur.

20. Mais il faut bien prier, car les méchants voudront tout détruire; mais ils n'en auront pas le temps.

21. Ils périront tous dans le combat.

22. Il en périra aussi beaucoup de bons, car on fera partir tous les hommes, il ne restera que les vieillards. (La Sœur semble avoir prédit la dernière circulaire de M. Gambetta.)

23. Les derniers cependant n'iront pas loin; leur absence ne sera tout au plus que de trois jours de marche.

24. Ce temps sera court; ce sera pourtant les femmes qui prépareront les vendanges, et les hommes viendront les faire parce que tout sera fini.

25. Pendant ce temps on ne saura les nouvelles au vrai que par quelques lettres particulières.

26. A la fin, trois courriers viendront. Le premier annoncera que tout est perdu. Le second, qui arrivera pendant la nuit, ne rencontrera dans son chemin qu'un seul homme appuyé sur sa porte. « — Vous avez grand chaud, mon ami, lui dira celui-là ; descendez prendre un verre de vin. — Je suis trop pressé, » répondra le courrier. Il lui annoncera qu'un autre doit bientôt venir annoncer une bonne nouvelle, puis il continuera sa route vers le Berry.

27. Vous serez en oraison (vers six heures du matin) quand vous entendrez dire que deux courriers sont passés ; alors il en arrivera un troisième, feu et eau, qui devra être à Tours à sept heures et qui apportera la bonne nouvelle.

Nota — Ce courrier feu et eau n'est autre que le chemin de fer.

28. Puis on chantera un *Te Deum*, oh! mais un *Te Deum* comme on n'en a jamais chanté.

29. Mais ce ne sera pas celui qu'on croit qui règnera d'abord, ce sera le sauveur accordé à la France, et sur lequel elle ne comptait pas.

30. Le prince ne sera pas là, on ira le chercher.

31. Cependant le calme renaîtra, et, depuis le moment où le prince remontera sur le trône, la France jouira d'une paix parfaite et sera plus florissante que jamais pendant vingt ans.

A PROPOS DE LA PROPHÉTIE DE BLOIS

I

La *Guienne*, journal de Bordeaux a reçu la lettre suivante au sujet de la prophétie de Blois publiée par le *Constitutionnel*.

« Bordeaux 29 septembre 1870

« Monsieur le rédacteur,

« Voici ce que vient de me dire une personne parfaitement digne d'être crue, au sujet de la prophétie de Blois, publiée dons votre numéro du 28 courant :

« La sœur Providence, à qui elle est adressée
« par la sœur Marianne, supérieure du couvent des
« Ursulines, à Blois, était novice dans le moment
« même et âgée d'environ trente ans.

« Un jour la sœur Marianne lui dit : Ma fille,
« prenez la plume et écrivez ce que je vais vous
« dicter. La jeune novice obéit ; mais pendant
« qu'elle écrivait, ne pouvant en croire ses oreil-

« les et soupçonnant peut-être quelque dérange-
« ment dans l'esprit de celle à qui elle obéissait,
« elle ne put s'empêcher de sourire. — Vous riez ?
« lui dit alors la supérieure ; et bien ! pour mon-
« trer un jour que je dis vrai, je vous annonce
« *que vous verrez ces événements.*

« Or, la sœur Providence *vit encore aujour-*
« *d'hui à Blois,* âgée d'environ 93 années, et
« chacun peut aller auprès d'elle éclairer ses
« doutes.

« *C'est de la bouche même de cette Sœur que*
« *je tiens ces détails.*

« Voilà, monsieur le rédacteur, ce que je viens
d'entendre et, je le répète, des lèvres d'une personne vraiment digne de foi.

« Appuyée sur une origine dont l'authenticité
est si facile à vérifier, je ne m'étonne plus du crédit dont cette prophétie jouit depuis longtemps à
Blois, ni de la grande curiosité qu'elle excite partout en ce moment.

« Agréez, etc., etc.   J. D.

II

Le *Salut Public*, journal de Lyon, cite les deux lettres suivantes :

« Abbeville, couvent des Dominicains, 17 octobre 1870.

« Monsieur le rédacteur,

« La publicité donnée, dans ces derniers temps, à un document singulier dit : *Prophétie de Blois;* l'intérêt assez naturel qu'il a excité en sens divers sur plusieurs points de la France ; le crédit, exagéré peut-être, que des esprits trop penchés sur l'avenir sont enclins à lui accorder ; l'origine honorable attribuée à cette pièce et qu'il ne paraissait pas sans utilité de vérifier ; — d'autre part, les doutes, que je n'étais pas seul à concevoir sur l'authenticité de certains détails, — les dates notamment, — si bien précisées par les journaux, m'avaient déterminé, ces jours passés, à aller droit à la source en écrivant directement à Mme la supérieure des Ursulines de Blois.

« Aux renseignements que demandait ma lettre tant sur la prédiction elle-même que sur son auteur et la religieuse sa confidente, aux questions prescrites par la simple prudence et par les règles théologiques, ou suggérées par une lecture réfléchie, que je m'étais permis de poser, — pour m'éclairer sur le degré d'attention que la pièce commentée de tant de manières, peut mériter d'un esprit sérieux, — la digne supérieure (dont je n'ai point d'ailleurs l'honneur d'être connu), a bien voulu m'adresser aujourd'hui même une réponse détaillée que je m'empresse, monsieur, de vous communiquer, dans la pensée qu'il pourrait vous être agréable de la voir et d'en donner connaissance à vos lecteurs.

« Tout mon désir, — au cas où vous croiriez devoir publier cette lettre, — est que bon nombre d'esprits, mieux édifiés sur la valeur relative des prédictions qu'on leur a mises en main, — évitent plus sûrement deux extrêmes toujours illogiques et regrettables : le préjugé superficiel qui méprise tout sans examen, — et cette sorte de fatalisme providentiel, que l'histoire nous montre s'emparant, aux heures critiques, de la vie des peuples, des âmes en proie à une curiosité maladive, — et qui aurait tout au moins le fâcheux effet de paralyser l'énergie morale, dans ce moment si grave, qui est pour les uns celui de la lutte à outrance, et pour les autres celui de la prière et de l'immolation cachée, qui sont aussi des armes.

« Agréez monsieur le rédacteur, la respectueuse expression de mes sentiments dévoués.

« F<small>R</small>. L. P. C<small>H</small>. D...,
« <small>DES</small> F<small>RÈRES PRÊCHEURS</small>. »

« Mon très-révérend Père.

« Je ne sais par quel concours de circonstances nos Sœurs de... ont acquis la conviction de posséder la *copie authentique* d'une prophétie qui n'a jamais *été écrite*... Les récits donnés par les journaux, tout en reproduisant les traits principaux (et cela sans notre participation), ajoutent ou dénaturent bon nombre de détails.

« Ce qui est parfaitement exact, c'est qu'en 1801, une bonne tourière nommée Marianne, qui avait vécu jusque-là dans l'obscurité et la simplicité d'une vie d'abnégation et de dévouement à notre maison, alors aux prises avec la plus extrême indigence, étant visitée sur son lit de mort par une jeune postulante, aujourd'hui mère Providence, sembla comme ravie aux réalités de ce qui l'entourait ; l'avenir parut se dérouler devant ses yeux dans des tableaux animés qu'elle faisait connaître par des exclamations...

« La plupart des évènements qu'elle faisait ainsi connaître se rapportaient à la maison ; ils ont reçu leur accomplissement d'une manière vraiment frappante. Les autres annonçant des bouleversements politiques, se sont vérifiés en 1848. Un certain nombre enfin semblent devoir se réaliser actuellement, mais aucune date n'avait été précisée... les journaux ont pris soin de les assigner après coup.

« La bonne mère Providence, en entendant toutes ces prédictions, objecta à la mourante qu'elle ferait bien mieux de confier des révélations aussi graves à une religieuse professe plutôt qu'à une postulante sur le point de quitter le noviciat, en raison de la violente opposition de sa famille. La bonne Sœur lui répondit : « Quand vous serez en
« âge de prononcer vos vœux, madame votre mère
« ne pourra plus s'y opposer... et c'est à vous seule
« que je veux confier ces choses, parce que seule
« vous en verrez l'accomplissement... » Effectivement, six mois après la mort de la bonne tourière la mère Providence perdait sa mère et devenait parfaitement libre de se donner à Dieu... et seule

elle a survécu à toutes ses contemporaines, comme pour être près de nous le garant des promesses du divin Maître, et hâter par ses prières ferventes et continuelles l'heure de la miséricorde et du pardon.

« Cette vénérable mère jouit, malgré ses quatre-vingt douze ans, d'une santé et d'une gaîté vraiment exeptionnelles ; elle attend, son rosaire en main, cette ère de prospérité qui doit suivre tant de malheurs et dont elle verra le commencement. Bien que sœur Marianne ne lui ait pas précisé d'époque, elle n'a jamais coufondu les événements de 1848 avec ceux qui regardent l'époque actuelle... et ces dernières années, alors que l'horizon politique commençait à s'obscurcir, elle répondait à nos interrogations : « Non, ce n'est pas « encore le moment des grands événements. » Aujourd'hui elle croit que l'époque est arrivée.

« Il est en effet fort difficile de distinguer si la bonne sœur Marianne a voulu parler d'une guerre civile ou d'une guerre contre l'étranger ; cependant plusieurs détails que ne reproduisent pas les journaux ne nous laissent aucun doute ; l'invasion et ses conséquences y sont très-clairement annoncées; seulement, la fin, ce que la bonne Providence appelle le grand coup, fait songer à un bouleversement intérieur.

« Il nous est impossible, mon très-révérend Père, de vous envoyer ce qui précède le verset septième, pour la raison toute péremptoire que jamais les prédictions n'ont été écrites ni divisées en versets. Sœur Marianne avait défendu de rien écrire et la mère Providence s'est docilement conformée à cet ordre. Mais elle a redit ce qui lui avait été appris, en bravant tout d'abord le sourire d'incrédulité des autres religieuses, qui ne voulurent accorder quelque croyance qu'après l'accomplissement de plusieurs des faits annoncés. C'est donc par voie de tradition orale que ces prédictions sont arrivées jusqu'à nous. Sœur Marianne étant allée recevoir la récompense de son obscur et tout cordial dévouement peu de temps après son entretien avec la mère Providence, n'a pu être soumise aux épreuves qui font l'objet de votre quatrième question.

« Sans attacher trop d'importance à ces prédictions, nous ne pouvons fermer les yeux à l'évidence, et nous aimons à croire que l'adorable bonté du Maître nous a préparé ainsi des consolations et des espérances pour l'heure douloureuse que nous traversons. Ne semble-t-il pas nous répéter par l'organe de cette pauvre tourière : « Ceux qui « mettent en moi leur confiance demeureront iné- « branlables comme la montagne de Sion. » Mais la prière nous a été instamment recommandée, si nous voulons voir l'accomplissement des promesses. Nous espérons, mon très-révérend Père, que vous voudrez bien vous unir à nous et parler quelquefois au divin Maître et à Notre-Dame du Saint Rosaire de cette communauté des Ursulines, si heureuse de pouvoir vous faire partager ses consolations et ses espérances.

« Croyez, mon très-révérend Père, à tous les sentiments de respect avec lesquels j'ai l'honneur d'être

« Sœur SAINTE-CLAIRE
« SUPÉRIEURE.

« Sainte-Ursule de Blois, 15 octobre 1870. »

XXIX

PROPHÉTIE DE LA SALETTE

La belle dame confia un secret à chacun des enfants, et pendant qu'elle le confiait à l'un, l'autre n'entendait rien, mais voyait seulement le mouvement de ses lèvres. Le secret fut d'abord communiqué à Maximin, ensuite à Mélanie. Quand la vision eut disparu, Maximin dit à Mélanie :

« — Pourquoi t'a-t-elle parlé si longtemps ; je voyais seulement ses lèvres remuer, mais que t'a-t-elle dit ? »

Mélanie lui répondit : « — elle m'a dit quelque chose, mais je ne veux pas te le dire, elle me l'a défendu. »

Maximin répliqua vivement : « — Eh ! je suis bien aise, Mélanie, parce qu'elle m'a dit aussi quelque chose, mais je ne te le dirai pas plus que tu ne me le dis. »

A la fin de mars 1851, l'évêque de Grenoble apprit par le cardinal-archevêque de Lyon que Sa Sainteté avait manifesté quelque désir de connaître les secrets.

La tempête qui s'éleva contre La Salette, par suite de l'affaire d'Ars, a eu pour résultat d'engager les enfants à révéler leur secret à Notre Saint-Père le Pape. Ce fut par l'intermédiaire du cardinal-archevêque de Lyon que la demande fut faite. Voyant que les enfants étaient bien déterminés à ne pas livrer leur secret ouvert, comme le cardinal en avait témoigné le désir, et qu'ils ne voulaient pas le confier à d'autres qu'au Pape, l'évêque de Grenoble nomma plusieurs témoins, magistrats et ecclésiastiques, pour être présents quand Mélanie et Maximin écriraient leurs secrets. Ils furent introduits dans la même salle et placés à des tables différentes.

Maximin mit sa tête entre ses mains, dans une attitude pensive, et écrivit sa lettre rapidement, si rapidement même, qu'on eût peur que son écriture fût trop mauvaise et trop illisible pour être mise sous les yeux du Saint-Père, et qu'on le pria d'en écrire une seconde avec plus de soin. Ce que l'on sait seulement, c'est qu'elle est divisée en sept paragraphes, qui sont tous numérotés, et qu'elle commence par ces paroles : *Très-Saint Père, le* 19 *septembre* 1846, *une dame m'apparut; on dit que c'est la sainte Vierge. Vous en jugerez par ce qui suit.*

En écrivant, Maximin demanda l'orthographe du mot pontife. On dit que Mélanie montra beaucoup d'émotion pendant qu'elle écrivait sa lettre, mais elle n'était pas du tout embarrassée et écrivait rapidement.

Elle s'arrêta tout-à-coup et demanda ce que voulait dire le mot infailliblement. Après qu'on le lui eût expliqué elle ajouta: « Ah! je ne le savais pas. » Elle demanda aussi l'orthographe et le sens du mot Antechrist. Le secret de Mélanie est incomparablement plus long que celui de Maximin. Ils scellèrent leurs lettres en présence de témoins, et elles reçurent ensuite le sceau de l'évêché.

Bientôt après Mélanie dit qu'elle avait écrit ensemble deux faits, sans spécifier que l'un avait une date différente de l'autre; elle se hâta d'aller au palais épiscopal pour faire cette correction. Elle refusa de dire quelle était cette date, car, observa-t-elle, c'est une patrie de mon secret.

D'après les meilleures informations recueillies jusqu'ici, d'après la conduite des enfants dans tout ce qui se rapporte à leurs secrets, et aussi d'après ce que M. Gerin a raconté de son voyage à Rome, on croit généralement que le secret de Maximin annonce la miséricorde et le pardon, et celui de Mélanie de grands châtiments. Ceci explique beaucoup de circonstances qui paraissaient singulières dans la vie des deux enfants : le caractère libre et gai de Maximin, et l'air de tristesse et de pénitence que l'on remarquait toujours dans Mélanie.

Lorsqu'elle prit le voile au couvent de Corenc, elle voulait prendre le nom de *Victime de Jésus ;* mais on lui fit observer que le nom sacré de *victime* ne convenait qu'à des ordres cloîtrés et très-sévères, et ne pouvait pas lui être donné ; elle prit celui de Marie de la Croix. Assistant un jour à une représentation de la Passion de Notre Seigneur, cela lui rappela d'une manière pénible une partie de son secret. L'évêque de Grenoble envoya M. Rousselot, vicaire-général et M. Gerin, curé de la cathédrale, pour porter les secrets à Rome. Ces deux ecclésiastiques ont écrit des détails très-intéressants sur leur voyage. Quand ils furent présentés au Pape, il prit les lettres cachetées, les ouvrit et commença par lire celle de Maximin :

« C'est bien là, dit-il, la candeur et la simplicité d'un enfant. »

Pour lire les lettres plus aisément, il alla dans l'embrasure de la fenêtre et demanda :

« — Suis-je obligé de garder ces secrets ?

« — Très Saint-Père, lui dit M. Gerin, vous pouvez tout, vous avez la clé de toutes choses. »

A la lecture du secret de Mélanie, ses lèvres se sont fortement comprimées, ses joues se sont gonflées, et toute sa figure exprimait une vive émotion :

« Ce sont des fléaux, dit-il, qui menacent la France ; elle n'est pas la seule coupable ; l'Italie l'est bien aussi, l'Allemagne, la Suisse, toute l'Europe est coupable et mérite des châtiments ; j'ai moins à craindre de l'impiété déclarée que de l'indifférence religieuse et du respect humain...

« Permettez-moi, dit Sa Sainteté, de lire ces lettres à tête reposée. »

Le lendemain, ils eurent une audience du cardinal Fornari, dans laquelle Son Éminence leur dit :

« Je suis effrayé de ces prodiges ; nous avons dans la religion tout ce qu'il faut pour la conversion des pécheurs, et, quand le ciel emploie de tels moyens, il faut que le mal soit grand. »

Le cardinal Lambruschini, qui a été longtemps premier ministre du Pape, préfet de la Congrégation des rites, et, en cette qualité, parfaitement instruit des règles de l'Église dans ce qui regarde la canonisation des saints et la publication des miracles, disait à ces messieurs :

« Il y a longtemps que je connais le fait de La Salette et, comme évêque, j'y crois ; comme évêque, je l'ai prêché dans mon diocèse, et j'ai remarqué que mon discours a fait une grande impression. » Au reste, ajouta Son Éminence, je connais le secret des enfants, le Pape me l'a communiqué. A leur retour, Sa Sainteté envoya un magnifique présent à l'évêque de Grenoble, sa bénédiction aux deux enfants, et donna à l'évêque l'autorisation de faire ce qu'il voudrait pour La Salette.

A son retour de Rome, M. Gerin dit à Mélanie : « Je ne sais pas ce que vous avez écrit au Pape, mais il en paraissait très-ému. Alors un sourire si étrange effleura les lèvres de la jeune religieuse, que tout le monde en fut frappé. Cela ne lui a pas paru bien flatteur, ajouta M. Gerin.

« — Flatteur, s'écria-t-elle !

« — Oui, flatteur.

« — Savez-vous ce que ce mot signifie, dit M. Gerin ?

« — Oh ! oui, dit-elle, cela veut dire faire plaisir, mais je crois que cela doit lui faire plaisir : *Un Pape doit aimer à souffrir !* »

A PROPOS DE LA PROPHÉTIE DE LA SALETTE

LETTRE DE MÉLANIE,
BERGÈRE DE LA SALETTE, AUJOURD'HUI SŒUR MARIE DE LA CROIX, A SA MÈRE.

« 21 Septembre 1870.

« MA BIEN CHÈRE ET BIEN-AIMÉE MÈRE,

« Que Jésus soit aimé de tous les cœurs !

« Cette lettre est non-seulement pour vous,

mais aussi pour tous les habitants de Corps, mon bien cher pays.

« Un père de famille très-amoureux de ses enfants, voyant qu'ils oubliaient leurs devoirs, qu'ils s'écartaient de la loi qu'il leur avait donnée, qu'ils devenaient ingrats, résolut de les punir sévèrement. L'épouse du père de famille demanda grâce, et en même temps elle se rendit auprès des deux plus jeunes enfants du père de famille, c'est-à-dire des deux plus faibles, plus ignorants de toute la famille. L'épouse, qui ne peut pas pleurer dans la maison de son époux (qui est le Ciel), trouva dans les champs de ses misérables enfants des larmes en abondance ; elle dit ses plaintes et ses menaces si on ne revient pas, si on n'observe pas la loi du Maître. Le petit et bien petit nombre embrasse la réforme du cœur et s'attache à l'observance de la sainte loi du père de famille ; mais le plus grand nombre reste dans le crime et s'y enfonce encore plus. Alors le père de famille envoie des châtiments pour les faire revenir de cet endurcissement. Ces malheureux enfants, croyant se soustraire au châtiment, prennent et rompent la verge qu'ils voient qui les frappe, au lieu de tomber à genoux, demandant grâce et miséricorde, et surtout promettant de changer de vie. Enfin le père de famille est encore plus irrité, et prend une verge plus forte, et frappe et frappera jusqu'à ce qu'on le reconnaisse, qu'on s'humilie, qu'on implore miséricorde auprès de Celui qui règne sur la terre et dans les Cieux.

« Vous l'avez compris, chère mère et chers habitants de Corps, ce père de famille, c'est Dieu. Nous sommes tous ces enfants. Ni vous ni moi ne l'avons aimé comme nous l'aurions dû ; nous n'avons pas observé ses commandements comme il faut, maintenant le bon Dieu nous punit. Nous avons un grand nombre de nos frères soldats qui meurent, un grand nombre de familles et des villes entières réduites à la misère ; et ce n'est point fini, si on ne se tourne pas vers Dieu. Paris est coupable et bien coupable, puisqu'il a récompensé un méchant homme qui a écrit un livre contre la divinité de Jésus-Christ. Les hommes n'ont qu'un temps pour se livrer au péché, mais Dieu, qui est éternel, châtie les méchants, Dieu est irrité par la multiplicité des péchés, et parce qu'il est presque méconnu et oublié. Maintenant qui pourra arrêter la guerre qui fait tant et tant de malheureux en France, et qui va bientôt commencer en Italie, etc. ? Qui pourra arrêter ce fléau de la guerre ? Il faut 1° que la France reconnaisse dans cette guerre que c'est purement *la main de Dieu;* 2° qu'elle s'humilie et demande, de cœur et d'âme, pardon de ses péchés ; 3° il faut qu'elle promette sincèrement de servir le bon Dieu de cœur et d'âme, et d'observer ses commandements sans respect humain. Il y a des personnes qui prient et demandent au bon Dieu le succès de nos Français. Ce n'est pas cela que veut le bon Dieu ; il veut la conversion des Français. La très-sainte Vierge est venue en France, la France ne s'est point convertie. Elle est plus coupable que les autres nations. Si elle ne s'humilie pas devant le bon Dieu, elle sera grandement humiliée, et Paris, ce foyer de la vanité et de l'orgueil, qui la sauvera, cette ville, si des prières ferventes et continuelles ne montent vers le cœur du bon Maître.

« Je me rappelle avec bonheur, bien chère mère et bien-aimés habitants de mon cher pays, je me rappelle ces ferventes processions que vous faisiez sur la sainte montagne de la Salette pour que le choléra n'atteignît pas votre pays ; et la sainte Vierge entendit vos ardentes prières, vos pénitences, et tout ce que vous faisiez pour l'amour de Dieu. Je pense, j'espère que maintenant encore vous devez faire vos si belles processions pour le salut de la France, je veux dire afin que la France se retourne vers le bon Dieu, car il n'attend que cela pour retirer la verge dont il se sert pour flageller son peuple rebelle. Prions donc beaucoup, oui, prions, faites vos processions comme vous les faisiez en 1846 et 47. Croyez que Dieu vous écoutera ; il écoute toujours les prières sincères des cœurs humbles. Prions ensemble, prions toujours. Je n'ai jamais aimé Napoléon, parce que j'ai dans ma mémoire son histoire entière. Puisse le divin Sauveur du monde lui pardonner tout le mal qu'il a fait et qu'il fait encore.

« Rappelons-nous que nous sommes créés pour aimer et servir le bon Dieu, et que sans cela il n'y a pas de vrai bonheur. Que les mères élèvent chrétiennement leurs enfants, car le temps des tribulations n'est pas fini. Si je vous en dévoilais le nombre et les qualités, vous en resteriez étourdis ; mais je ne veux pas vous effrayer. Ayez confiance en Dieu qui vous aime. Prions, prions, et la douce, la bonne et tendre Vierge Marie sera toujours avec nous. La prière désarme la colère de Dieu, la prière est la clé du paradis. Prions pour nos pauvres soldats, prions pour tant de mères désolées de la perte de leurs fils. Consacrons-nous à notre bonne Mère du Ciel. Prions, prions pour ces aveugles qui ne voient pas que c'est la main de Dieu qui poursuit la France dans ce moment. Prions beaucoup et faisons pénitence. Soyez tous très-attachés à la sainte Église et au Saint-Père, qui en est le Chef et le Vicaire visible de Notre Seigneur Jésus-Christ sur la terre ; dans vos processions, dans vos pénitences, priez beaucoup pour lui. Enfin, soyez tous en paix, aimez-vous comme des frères, promettant à Dieu que vous observerez ses commandements, et observez-les en vérité, et par la miséricorde divine vous serez heureux, et vous ferez une bonne et sainte mort, que je vous souhaite à tous en vous mettant sous la protection de l'auguste Vierge Marie.

« Mon salut est dans la croix,

« MARIE DE LA CROIX,
« VICTIME DE JÉSUS.

« Le Cœur de Jésus veille sur moi ! »

XXX

PROPHÉTIE DU P. HYACINTHE COMA [1]

Voici un extrait d'une exhortation du vénérable père Hyacinthe Coma, moine franciscain, aux religieuses de la Conception de Marie, à Manrèze, en 1849.

Ces paroles ont été traduites littéralement de l'espagnol, sur une copie fournie par un compatriote du père Coma, qui la possède depuis 1863.

« Le monde, mes chères Sœurs, ce pauvre monde court à pas de géant vers sa ruine ;

---

[1] Le P. Coma était un saint et savant religieux. On lui attribue des miracles, et la pièce qu'on va lire, doit servir, dit-on, dans le procès de sa béatification.

mais il s'en relèvera avec la grâce de Dieu et par l'intercession de la Vierge immaculée, notre très-aimante Mère.

« Les gouvernements qui régissent aujourd'hui les destinées de la race latine sont dégradés ; et, ce qui est pire encore, ils ont dégradé leurs peuples. Quelle terrible responsabilité devant le tribunal du Juge suprême, qui a dit : *Sanguinem ejus de manu tuâ requiram!*

« L'Italie, arrosée du sang de tant de généreux martyrs, est l'esclave d'une démagogie diabolique, qui est arrivée à se constituer la conseillère du pouvoir.

« La France de saint Louis, la fille aînée de l'Église, est devenue la France de Voltaire!...

« Et notre pauvre Espagne, qui a été conquise pied à pied par la Croix, est devenue un peuple d'ilotes, qui court au principe et lutte pour briser, avec ses traditions, son histoire et sa propre manière d'être.

« Les semences de 93 ont maintenant germé. Napoléon Ier les dissémina dans tous les coins de l'Europe; il est naturel qu'elles portent leur fruit. La négation du principe d'autorité en politique a dû produire nécessairement la négation du même principe en religion.

« C'est pourquoi, mes chères Sœurs, ne vous étonnez pas si vous voyez un jeune et inexpérimenté monarque renversé de son trône par des menées ténébreuses, et cherchez un asile dans la Ville-Éternelle. Ne vous étonnez pas si vous voyez la vaine et ignorante impudicité d'une femme renversée par ceux-là mêmes qui l'ont partagée, et cherchez un court asile dans un foyer de corruption. Ne vous étonnez pas si vous voyez l'orgueil et l'hypocrisie qui devait son élévation à l'épée, recourir plus tard, quoique inutilement, à la même épée pour se soutenir. Ne vous étonnez pas si vous voyez la faiblesse, mais déjà prématurément méchante, renversée par ceux-là mêmes qui ont renversé la vaine et ignorante impudicité d'une femme. Ne vous étonnez pas enfin si vous voyez un voleur couronné tomber ignominieusement au moment même où il va consommer, quoique forcé, un nouveau vol sacrilége.

« Ce que je viens de vous dire, mes Sœurs, *vous ne le comprenez pas maintenant, mais plus tard plusieurs d'entre vous verront comment s'accomplissent mes paroles.*

« Les fils de Calvin ne s'intéressent pas au Vicaire de Jésus-Christ, au Pape infaillible. Le secours officieux que les fils de Henri VIII et les sectateurs de Frédéric-le-Philosophe lui offriront aura plutôt pour but d'appuyer le trône chancelant du prince temporel que de soutenir le successeur de saint Pierre, et il est même fort douteux qu'il soit assez efficace pour prévenir le danger.

« Pie IX ne pourra donc plus avoir d'espoir dans les hommes, car ceux qui étaient dans un autre temps ses fidèles enfants l'ont abandonné, et ses faux amis, s'ils lui tendent la main, ce n'est que pour précipiter sa chute. Mais je vois clairement que Pie IX le sait, et il est tranquille.

« Les menaces de ses ennemis sont sur le point de se réaliser, mais il lève les yeux au ciel et s'écrie du fond du cœur : *Gaudeamus in Domino semper*. Pie IX sait par expérience que le peuple romain est faible, mais il sait aussi, par expérience, que ce même peuple est protégé par le tombeau de l'Apôtre et qu'il ne peut périr. Les barbares frapperont aux portes de Rome, mais ces portes ne s'ouvriront jamais pour eux que pour les perdre fatalement. Alors le temple de Janus se fermera et l'Europe sera en paix.

« La Providence tient en réserve un moyen imprévu, qui fera d'un seul coup ce qui aurait demandé beaucoup de temps en suivant le cours naturel des choses. Ce sera alors que les hommes ouvriront les yeux à la réalité, que tous se lèveront contre les usurpateurs et les destructeurs de l'humanité..... » *(Nous supprimons quatre ou cinq lignes.)*

XXXI

LA PROPHÉTESSE D'AVIGNON [1]

La prophétesse d'Avignon se nommait Marianne.

Elle avait, toute sa vie, feuilleté les prophéties de Nostradamus et d'autres voyants, et de la comparaison des diverses prédictions de ces marchands de mort subite, elle avait déduit une prophétie particulière, qui lui appartenait en propre.

---

[1] Il y avait à Avignon une femme qui passa sa vie à prophétiser et dont les paroles sont aujourd'hui colportées et commentées dans le Midi.

Cette femme est morte il y a dix ans; elle habitait la rue Balance, à Avignon; c'était la veuve d'un pêcheur du Rhône, et elle était aveugle. Les hommes les plus connus de la Provence venait la visiter d'assez loin.

En 1848, elle avait annoncé l'avénement *d'un prince très, que refoundrié touto la mounedo*, etc., un prince *trois* qui devait refondre toute la monnaie.

Le prince *trois*, ou Napoléon *trois*, — cela ne fait qu'un.

Voici une de ses prophéties :

> Quand Paris sara comme un ioù,
> E Lyon rebasti de noù,
> L'ennemi intrara 'n Franço dins la peù d'un bioù.

« Quand Paris sera (arrondi, poli, fini) comme un œuf, et Lyon rebâti de neuf, l'ennemi entrera en France dans la peau d'un bœuf. »

« D'un bœuf » entendez-vous ! « d'un bœuf !... » alors que les Prussiens sont entrés en France en battant le maréchal Lebœuf ! La prophétie ne disait-elle pas juste quand elle ajoutait :

Lou sang rigoulara pèr di carriero ;
Coumo l'aigo dins li ribiero
E meme li chivau
N'aura jusqu'au peitrau.

« Le sang ruissellera par les rues, comme l'eau dans les rivières, et même les chevaux en auront jusqu'au poitrail. »

Cette femme annonçait ensuite une effroyable averse de malheurs sur la France, — la fin tragique d'un grand personnage, — la venue de la République, — tous les pays de la France ravagés (excepté le Vivarais et la ville d'Avignon), — une désolation immense, la famine, etc., — puis la descente des armées ennemies sur les rives du Rhône, une grande bataille définitive près de Tarascon et de Beaucaire, et la paix conclue et signée sur un *pont Neuf*...

Elle voyait encore le Pape, avec de grandes moustaches grises, entrant dans Avignon, à cheval et amenant avec lui des vaisseaux chargés de froment, d'argent et d'or.

Et le Pape arrivera, disait la prophétesse, lorsqu'on entendra dire qu'une armée navale a failli périr... « Malheur aux enfants de Brutus !... ils seront tellement malheureux qu'ils crieront aux montagnes : « tombez sur nous ! » Enfin viendront la paix et le bonheur.

D'après le calcul de Marianne, *la bouroulo*, — le désastre, — doit durer vingt mois.

Le nombre des gens qui ajoutent foi à cette prophétie est assez grand, et le *Marseillais* cite un exemple qui montre combien cette foi est robuste :

« Une société de spéculateurs de Toulouse achète toutes les maisons qui avoisinent le château des Papes, à Avignon.

« Au premier achat de la société, un délégué se présenta chez un notaire :

« Vous achèterez, dit-il, toutes les mai-
« sons qui avoisinent le château, au fur et à
« mesure de leur mise en vente ; au besoin,
« vous provoquerez la vente en offrant bon
« prix. »

« Le notaire ouvrait de grands yeux pour considérer cet acquéreur extraordinaire, et si peu ressemblant à ses clients ordinaires.

« Nous avons foi, dit-il, en certaines prophéties qui annoncent le retour des Papes à Avignon, etc., etc. »

XXXII

PRÉVISIONS DU R. P. LACORDAIRE

Lacordaire, en 1836, parlait de l'Europe avec une prévoyance qui étonne : « La guerre est en Europe, disait-il, mais elle n'est pas entre les peuples, elle n'est pas entre les rois et les peuples ; la guerre est plus haut que les rois, plus haut que les peuples, elle est entre les deux formes mêmes de l'intelligence humaine, la foi et la raison : la foi devenue par l'Église une puissance, et la raison devenue elle-même une puissance qui a ses chefs, ses assemblées, ses chaires, ses sacrements. La guerre existe entre la puissance catholique et la puissance rationaliste, qui se disputent le monde.

« La Prusse marche à la tête du rationalisme européen, dont elle déteste si cordialement les effets politiques. Mais quoi! elle emploie quatorze millions d'hommes à produire le rationalisme, et trois cent mille à en empêcher les effets : il n'y a pas de proportion.

« La disproportion entre les corps et l'esprit de la Russie est plus frappante encore, si l'on songe à ses desseins. Que portera-t-elle à l'Orient pour le constituer, pour le tirer de ses ruines, ce qui est plus difficile encore?... Elle apportera le schisme au schisme, la mort à la mort, elle lui dira : « Voici la coupe où vous avez péri, asseyons-« nous à la même table, buvons et vivons. » Le besoin de la Russie, au point où elle est parvenue, est d'être catholique, et elle le sera dès que ses souverains la laisseront faire.

« La puissance catholique triomphera de la puissance rationaliste, et elle sauvera les peuples qui lui demanderont la vie. »

C'est dans le Pape que Lacordaire voyait le centre de la puissance catholique. « Non, s'écriait-il, non, quand je ne croirais pas, quand jamais un rayon de la grâce divine n'eût illuminé mon entendement, je baiserais encore avec respect les pieds de cet homme qui, dans une chair fragile et dans une âme accessible à toutes les tentations, a maintenu sacrée la dignité de mon espèce, et fait prévaloir pendant dix-huit cents ans l'esprit sur la force. »

Il saluait de loin le travail de l'Église, mais il ajoutait : « Nous ne verrons pas ces merveilles réservées, s'il plaît à Dieu, à l'amour humilié et méconnu. Nous verrons, au contraire, de tristes spectacles : le bien parfois victorieux du mal par la nécessité, et le mal reprenant son empire, parce que le bien ne sera pas comme lui-même dans sa victoire. Trop d'éléments disparates sont mêlés et broyés ensemble. Un siècle ne sera pas de trop pour la rude besogne de les séparer, et nous mourrons avant le repos, mais ce n'est pas de quoi nous devons nous plaindre. »

XXXIII

PROPHÉTIE CISTERCIENNE DITE D'ORVAL [1]

— TEXTE SERVANT DE YTPE AUTHENTIQUE —

Malheur au Celte-Gaulois ! le coq effacera la fleur blanche, et un grand s'appellera Roi du peuple. Grande commotion se fera sentir chez les gens, parce que la couronne sera

---

[1] La *Collection des Précis historiques de Bruxelles* dans un de ses derniers numéros, et quelques revues et journaux qui s'en sont fait l'écho, ont reproduit pour montrer que la *prophétie d'Orval* n'était pas un document sérieux, la lettre que Mgr l'évêque de Verdun publia le 6 février 1849, sans citer la réfutation victorieuse qu'en a donné le chanoine Lacombe de Bordeaux. Nous croyons donc devoir pour établir la vérité des faits, emprunter à M. de Stenay l'examen qu'il a fait de l'authenticité de cette prophétie dans son *Avenir dévoilé*.

« Le double titre que nous donnons à cette prophétie révèle le nom de la célèbre abbaye d'Orval *(Aurea Vallis)*

placée par mains d'ouvriers qui auront guerroyé dans la grande ville. Dieu seul est

de l'ordre de Cîteaux, située au milieu de la forêt de Chiny, dans le grand-duché de Luxembourg, à 12 kilomètres de Montmédy (Meuse). L'insigne monastère d'Orval était de la filiation de Clairvaux par celui des Trois-Fontaines (Haute-Marne). Il fut fondé au commencement du douzième siècle... Pillé et incendié en 1793, il n'en reste plus que des ruines, mais encore si imposantes, que les touristes et les archéologues chrétiens aiment à les visiter.

« En 1840-48, on affirmait bien haut que le titre primitif de cette prophétie est conçu en ces termes : *Prévisions certaines révélées par Dieu à un solitaire pour la consolation des enfants de Dieu.* Nous le voulons bien. si son authenticité est suffisamment constatée : vérifiera qui pourra. A notre avis, ce titre n'est qu'une invention d'un faussaire... Encore que le nom de l'auteur de ces prédictions soit resté inconnu, on les attribue, à tort ou à raison, soit à un moine cistercien de l'antique abbaye d'Orval, soit à quelqu'un des autres religieux ermites ou bénédictins, ou chanoines réguliers qui s'établirent au même lieu, antérieurement aux disciples de saint Bernard. Toutefois la première hypothèse est plus admissible. On suppose aussi que ces prédictions peuvent émaner de Richard-Olivier (*Richardus Olivarius*) de Longueil, évêque de Coutances et depuis cardinal, mort à Pérouse en 1470 ; mais les preuves manquent.

« Ce qu'il y a de certain, c'est qu'en 1793, Mgr de Chamon, évêque de Saint-Claude, et plusieurs personnages de distinction prirent connaissance de cette fameuse prophétie dans l'abbaye d'Orval même, où ils s'arrêtèrent en émigrant. Elle était écrite en style gaulois, difficile à lire,

grand ! le règne des méchants sera vu croître, mais qu'ils se hâtent. Le Roi du peuple,

parce qu'il fallait chercher le sens des mots surannés, rétablir en différents endroits le texte à demi effacé et faire une sorte de traduction. Le texte complet de cette prophétie concernait tous les événements antérieurs à cette époque, en remontant jusqu'au temps où elle fut inspirée ; puis il s'étendait dans l'avenir, comme nous le voyons ici, jusqu'à la persécution de l'Antechrist, à la fin des temps. Le fragment relatif aux événements futurs d'alors, c'est-à-dire à partir de Bonaparte et de sa campagne d'Égypte, fut copié en présence de l'évêque de Saint-Claude, par un prêtre de ses amis qui l'accompagnait en exil. Durant l'émigration française, cette pièce fut communiquée à un grand nombre d'évêques et de personnes distinguées, qui la transcrivirent plus ou moins fidèlement quant à la lettre, mais avec exactitude quant au fond. Et depuis cette époque, la *Prophétie* dite d'*Orval* eut, à diverses reprises, un retentissement immense dans toute l'Europe, mais surtout en France.

« D'après plusieurs attestations respectables, le texte primitif, aujourd'hui perdu, de cette prophétie, était en latin ; il renfermait des prédictions remontant jusqu'aux règnes des derniers Valois. Les plus anciennes traductions connues de nos contemporains, et qui toutes ont été plus ou moins francisées, ne contiennent qu'une partie seulement des prédictions du texte latin, et semblent indiquer, par les restes de leur vieille texture, surtout dans les passages précédant notre fragment, qu'elles datent de la fin du quinzième siècle.

« Quoiqu'il soit regrettable que les copistes n'aient pas respecté scrupuleusement l'intégrité de la traduction gau-

assis, sera vu en abord moult faible, et pourtant contre ira bien des méchants. Mais voilà

loise primitive, leurs corrections ou rajeunissements de style, faits seulement dans le but de rendre celui-ci plus intelligible aux lecteurs peu versés dans le vieux langage, ne changent rien au fond ni au sens de la prophétie d'Orval, ainsi que le prouve la réalisation ponctuelle, jusqu'à présent, du texte des anciennes copies. Cependant, comme il s'est fait autrefois un certain bruit dans le monde religieux à l'occasion d'une copie plus récente, trop altérée par des additions, substitutions et interpolations, nous ne pouvons nous dispenser de la signaler, afin de prévenir la critique souvent malveillante par ignorance.

« Nous sommes donc forcé, à notre grand regret, de rappeler que feu Mgr Rossat, évêque de Verdun (dont nous conservons avec bonheur le souvenir pour avoir reçu de sa main vénérable le sacrement de la Confirmation), crut devoir s'élever contre l'authenticité de la *Prophétie d'Orval* par une *Circulaire*, en date du 6 février 1849, adressée à tous les évêques de France et provoquée par un de ses sujets, M. D..., qui osa, sous l'empire d'un déplorable caprice, imposer une falsification de cette prophétie, en la faisant publier comme étant le seul texte authentique, sans songer à la sévérité habituelle de la critique en pareille matière. M. D... avait même poussé l'outrecuidance jusqu'à vouloir justifier sa fatale aberration en rédigeant un pseudo-mémoire, qui fut inséré dans le *Deuxième supplément à l'Oracle* paru en septembre 1848, et publié par M. Henri Dujardin, lequel dut être fort stupéfait d'avoir été l'instrument innocent d'une inqualifiable mystification.

« Néanmoins, Mgr Rossat, en dévoilant l'œuvre de l'aveugle verdunois, eut le tort de généraliser son anathème

que les pensées des Celtes-Gaulois se choquent et que grande division est dans leur

sans distinction de faux ou de vrai texte : anathème portant plus, d'ailleurs, sur le dit pseudo-mémoire que sur la prophétie elle-même. — Heureusement que cette sentence défectueuse rencontra un adversaire éclairé dans la personne d'un digne chanoine de l'Église primatiale de Bordeaux, feu M. l'abbé Lacombe, lequel réfuta victorieusement, — malgré quelques vivacités et bévues, — la circulaire épiscopale, en tant qu'elle tendait à annihiler la véritable prophétie dite d'Orval, comme il est manifeste par les quatre lettres adressées à Mgr de Verdun par le chanoine sus-nommé, et qui sont contenues, avec la circulaire précitée, dans un volume in-18 de 230 pages, publié à Bordeaux en 1849, sous ce titre : *La Prophétie d'Orval rendue à l'authenticité depuis l'an 1793 par des preuves matérielles, logiques et mathématiques, appuyées de nombreux témoignages contemporains déposés à la bibliothèque publique de Bordeaux*, par l'auteur de *Méfiance et Confiance pour les Prophéties modernes* (c'est-à-dire M. le chanoine Lacombe).

« L'origine céleste de la vraie *Prophétie d'Orval* ayant été magistralement démontrée, nous reproduisons en toute sécurité la partie du texte se rattachant à notre *étude*. Elle est tirée de diverses copies remontant à 1793-94, et faites sur la traduction gauloise d'Orval par des mains différentes qui, en même temps, en rajeunirent le style et l'orthographe. — Ces copies furent publiées séparément par le chanoine Lacombe, dans son opuscule intitulé : *Prophétie d'Orval faisant suite aux quatre Lettres de l'auteur de Méfiance et Confiance pour les Prophéties modernes, à Mgr l'évêque de Verdun*. Il y a peu de diffé-

entendement. Le Roi du peuple n'était pas bien assis, et voilà que Dieu le jette bas.

Hurlez, fils de Brutus! appelez par vos cris les bêtes qui vont vous manger. Dieu grand! quel bruit d'armes! Il n'y a pas encore un nombre plein de lunes, et voici venir maints guerroyers.

C'est fait : la Montagne de Dieu, désolée, a crié à Dieu; les Fils de Juda ont crié à Dieu de la terre étrangère; et voilà que Dieu n'est plus sourd. Quel feu va avec ses flèches! dix fois six lunes et pas encore dix fois six lunes ont nourri sa colère. Malheur à toi, grande Ville! Voici dix rois armés par le Seigneur... Mais déjà le feu t'a égalée à la terre; pourtant tes justes ne périront pas :

---

rence entre elles; aussi nous les fondons en un seul texte, ayant soin de mettre en note les quelques variantes importantes que nous avons rencontrées. Désormais on peut donc adopter en pleine confiance le texte rapporté ci-après comme pouvant servir de type authentique.

Dieu les a écoutés. La place du crime est purgée par le feu ; le grand ruisseau a éconduit ses eaux toutes rouges de sang. Et la Gaule, vue comme délabrée, va se rejoindre.

Dieu aime la paix : venez, jeune prince ; quittez l'île de la captivité ; joignez le Lion à la F 1. 3. 7. 9. B 1. 91. ╋ 73. Ce qui est prévu, Dieu le veut : le vieux 691253. 666. 3. ╋ 1. 3. 6 terminera encore longues divisions ; lors un seul pasteur sera vu dans la Celte-Gaule. L'homme puissant par Dieu s'asseyera bien ; moult sages règlements appelleront la paix. Dieu sera cru guerroyer d'avec lui tant prudent et sage sera le rejeton 53. 1. 9 ╋ 94. Grâce au Père de la miséricorde, la sainte Sion rechante dans les temples un seul Dieu grand. Moult brebis égarées s'en viendront boire au vrai ruisseau vif ; trois princes et rois mettront bas le manteau de l'erreur et verront clair en la foi de Dieu. Un grand peuple de la mer reprendra vraie croyance en deux tierces parts. Dieu est encore béni pendant quatorze fois six lunes et six fois treize lunes.

Dieu seul est grand!... Les biens sont faits; les saints vont souffrir. L'homme du mal arrive de deux sangs; il prend croissance. La F 1. 3. 7. 9. B 1. 91+73. s'obscurcit pendant dix fois six lunes et six fois vingt lunes, puis disparaît pour ne plus reparaître (605). Moult mal, peu de bien seront en ce temps-là; moult grandes villes périront; Israël viendra à Dieu-Christ de tout de bon. Sectes maudites et fidèles seront en deux parties bien marquées. C'est fait: Dieu seul sera cru. Et la tierce part de la Gaule et encore la tierce part et demie n'aura plus de croyance, comme aussi les autres gens. Et voilà déjà six fois trois lunes et quatre fois cinq lunes qui sont séparées, et le siècle de fin a commencé.

Après le nombre non fait de ces lunes, Dieu combat par ses deux Justes, et l'homme de mal a le dessus. Mais c'est fait. Le haut Dieu met un mur de feu qui obscurcit mon entendement : et je n'y vois plus. Qu'il soit béni à jamais !

XXXIV

PROPHÉTIE DE SAINT LÉONARD DE PORT-MAURICE [1]

I. — Citons sa Lettre au Nonce apostolique de Paris, en date du 31 mars 1740 ; il y dit entre autres choses :

« Je voudrais, quand vous aurez l'occasion de vous entretenir en particulier avec la

---

[1] Missionnaire apostolique de l'ordre des Frères-Mineurs Récollets né en 1676.
Il est peu de serviteurs de Dieu plus populaires en Italie que saint Léonard de Port-Maurice, l'un des Bienheureux canonisés si solennellement en 1867 par Pie IX. Animé d'une immense charité envers les grands pécheurs il opéra des prodiges sans nombre par ses prédications apostoliques. Ce fut lui qui releva la dévotion si belle du Chemin de la Croix. Aussi habile écrivain qu'éloquent missionnaire, il nous a laissé un grand nombre de produc-

reine, que vous lui insinuiez la dévotion à l'Immaculée Conception de la très-sainte Vierge Marie, et que vous lui recommandiez, *si elle veut voir le royaume heureux, son royal époux prospérer et la succession se perpétuer dans la famille royale,* d'être tendrement dévouée à l'Immaculée-Conception et *de prendre à cœur, comme la chose du monde la plus importante, de la faire déclarer article de foi.* Faites les mêmes communications à l'Éminentissime cardinal de Fleury, et dites-lui que si, avant de mourir, *il veut voir le monde en bon état, la France heureuse, les hérésies abattues, les*

---

tions empreintes d'une science profonde des choses divines et d'une connaissance non moins étendue du cœur humain. Il mourut à Rome, le vendredi, 26 novembre 1751.

Sa prédiction la plus célèbre regarde la paix universelle qui doit suivre de près la proclamation du dogme de l'Immaculée-Conception de la très-sainte Vierge. L'illustre missionnaire a été comme le précurseur de Pie IX dans la glorification de Marie.

différents qui existent présentement entre les divers potentats de l'univers entier, s'aplanir, il doit faire tous ses efforts pour que l'Immaculée-Conception soit déclarée article de foi... La vérité est que si monseigneur le cardinal met son talent au service de cette cause, je dis qu'on obtiendra alors le résultat tant désiré. Oh! alors, certes! son Éminence pourra se reposer tranquillement; car *la Reine du ciel, avec une politique de paradis, arrangera elle-même toutes les affaires de ce bas-monde*, et son Éminence aura la satisfaction, après s'être acquis une gloire immortelle sur la terre, de se voir élevée à un poste bien plus sublime dans le ciel[1]... »

II. — Dans une autre lettre plus étendue sur le même sujet, et écrite six ans plus

---

[1] *Œuvres complètes de saint Léonard de Port-Maurice* tome I, lettre XXX, p. 474, éd. de Tournai, 1858.

tard à un prélat, saint Léonard de Port-Maurice expose le plan à adopter pour recueillir les suffrages des évêques du monde catholique, tel absolument que Pie IX l'a suivi de nos jours, comme s'il avait eu le programme du Bienheureux sous les yeux. Puis il conclut ainsi :

« Prions donc avec instance, afin que l'Esprit-Saint inspire à notre saint Père le Pape la volonté de s'occuper avec ardeur de cette œuvre d'une si grande importance, *d'où dépend la paix du monde; car je tiens pour une chose très-certaine que si l'on rend cet honneur très-insigne à la souveraine Impératrice du monde, on verra à l'instant se rétablir la paix universelle...* mais il est nécessaire qu'un rayon de lumière descende d'en haut; sinon, c'est un signe que le moment marqué par la Providence n'est pas encore venu, et *il faudra continuer à patienter en voyant un monde si bouleversé*[1]. »

Les années devant Dieu sont des instants ; les grandes épreuves, des signes certains de grandes consolations. Après quinze ans passés depuis la proclamation si désirée et si exaltée du saint missionnaire, nous pouvons, à cause même du déluge de larmes où nous sommes plongés, compter sur l'avénement prochain de la paix universelle.

---

[1] *Œuvres complètes*, Lettre LXVI.

XXXV

PROPHÉTIE DE SAINTE CATHERINE DE SIENNE[1]

I. — Au moment où la plupart des villes et des terres qui appartenaient à l'Église romaine s'étaient révoltées contre le Souverain-

---

[1] Du tiers-ordre de saint Dominique, née en 1347, morte en 1380. Sainte éminente entre toutes, la séraphique vierge de Sienne fut vraiment la mère de l'Église romaine, à la fin du XIVe siècle : toute sa vie n'a été qu'une ardente prière, qu'une immolation continuelle, qu'une croisade infatigable pour le salut de la papauté qu'elle ramena d'Avignon dans la ville éternelle.

Aussi Rome reconnaissante l'a-t-elle choisie pour sa patronne. L'une de ses splendides basiliques, l'église de la Minerve abrite son tombeau où avec la foule des pèlerins, nous avons bien des fois eu le bonheur de venir prier. Martyre des douleurs de l'Église, Catherine devait aussi en entrevoir les splendeurs futures. Écoutons à ce sujet son propre confesseur.

Pontife Grégoire XI, en 1375, Catherine était à Pise où je l'avais accompagnée, raconte le bienheureux Raymond de Capoue [1]. Elle s'associa à notre douleur et déplora la perte des âmes et le grand scandale qui affligeait l'Église ; mais voyant ensuite que nous nous laissions trop abattre, elle nous dit pour nous calmer : « Ne répandez pas sitôt vos larmes, car vous aurez bien à pleurer : ce que vous voyez maintenant n'est que du lait et du miel en comparaison de ce qui suivra. » Elle ajouta, en parlant du grand schisme d'Occident et de ses suites : « Ce ne sera pas réellement une hérésie, mais ce sera comme une hérésie qui divisera l'Église et la chrétienté ; ainsi préparez-vous à la patience, car il vous faudra voir ces malheurs. »

II. — Mais, poursuit le bienheureux Ray-

---

[1] *Vie de sainte Catherine de Sienne*, 2ᵉ part., ch. x. p. 237, trad. de M. Cartier.

mond, afin que vous ne disiez pas comme Achab disait autrefois de Michée : « Tes prophéties annoncent toujours le mal et jamais le bien, » je veux, après ce qui est amer, vous offrir ce qui est doux, et je tirerai pour vous du trésor très-pur de la Bienheureuse les choses passées et les choses futures. Comme je désirais plus tard, à Rome, en savoir davantage, elle me répondit :

« Quand ces tribulations et ces épreuves seront passées, Dieu purifiera la sainte Église par des moyens inconnus aux hommes ; il réveillera les âmes de ses élus, et la réforme de la sainte Église sera si belle, le renouvellement de ses ministres sera si parfait, qu'en y pensant mon âme tressaille dans le Seigneur. Je vous ai bien souvent parlé des plaies et de la nudité de l'Épouse du Christ ; mais alors elle sera éclatante de beauté, couverte de joyaux précieux et couronnée d'un diadème de vertus ; les peuples fidèle se réjouiront d'avoir de si saints pasteurs, et les infidèles, attirés par la bonne odeur de Jésus-Christ, reviendront au bercail et se donneront au chef et à l'évêque de leurs âmes. Rendez donc grâces à Dieu de ce grand calme qu'il voudra bien accorder à son Église après la tempête. »

Les auteurs ecclésiastiques qui rapportent cette prophétie, Rohrbacher notamment, l'entendent des temps qui se préparent, et dont les événements actuels sont comme le douloureux enfantement.

XXXVI

PROPHÉTIE DE SAINTE GERTRUDE [1]

I. — La sainte raconte qu'un jour de la fête de saint Jean l'évangéliste, le disciple

---

[1] Abbesse des Bénédictines de Heldelfs, née en 1322, morte en 1392. La plus célèbre des saintes de ce nom est l'illustre abbesse de Heldefs, dans la Haute-Saxe, l'une des gloires du XIVe siècle. Elle a composé plusieurs ouvrages mystiques sous le titre d'*Insinuations de la divine piété*, qui ont mérité l'approbation des plus savants docteurs et théologiens et sont dignes d'être plus spécialement méditées de notre temps : « Je veux, lui dit en effet un jour Notre Seigneur, que tes écrits soient, pour les derniers temps, un gage de ma divine bonté; par eux je ferai du bien à un grand nombre d'âmes ; tandis que tu écriras, je tiendrai ton cœur auprès du mien et j'y instillerai goutte à goutte ce que tu devras dire. » Parmi les prophéties renfermées dans ces écrits, nous remarquons la suivante, ayant rapport au principal moyen dont Dieu se servira pour régénérer l'humanité dans les derniers temps.

bien-aimé lui apparut, penché, comme à la dernière cène, sur la poitrine du Sauveur. En même temps que cette vision lui était montrée, il lui fut donné de goûter quelque chose des délices qu'avait éprouvées saint Jean, reposant sur le cœur de Jésus. Enivrée de ces ineffables douceurs, elle demanda au saint évangéliste pourquoi il n'en avait point fait part à l'Église et pourquoi il n'avait rien écrit de ce qui lui avait été alors découvert des richesses du cœur de Jésus.

« C'est, lui répondit saint Jean, qu'il importait avant tout d'instruire l'Église naissante touchant la personne du Verbe incarné, pour qu'elle transmît ces enseignements aux siècles futurs. *Il est réservé aux derniers temps de recevoir la communication des ineffables délices dont je me sentis inondé lorsque je reposai sur le sein de Jésus, afin que, par ce moyen, la société vieillissante et engourdie dans l'indifférence recouvre la chaleur du divin amour.* [1] »

Or, le lecteur sait que Notre Seigneur a révélé, au siècle dernier, à la bienheureuse Marguerite-Marie, religieuse de la Visitation, la dévotion du Sacré-Cœur, qui a pris de nos jours un si admirable développement. Voici quelques paroles de cette Bienheureuse :

II. — « Notre Seigneur me fit connaître que son grand désir d'être aimé parfaitement des hommes lui avait inspiré le dessein de leur manifester son cœur et de leur donner, *dans ces derniers temps*, ce dernier effort de son amour, en leur proposant un objet et un moyen si propres pour les engager à l'aimer et à l'aimer solidement. En cela, il leur ouvrait tous les trésors d'amour, de grâces, de miséricorde, de sanctification et de salut

---

[1] Citation empruntée à l'ouvrage du P. Ramière S. J.: *Les espérances de l'Église*, IIIe part., ch. IV, p. 603

que son cœur contient, afin que tous ceux qui voudraient lui rendre et lui procurer tout l'amour et tout l'honneur qu'il leur serait possible fussent enrichis avec profusion des trésors dont ce cœur divin est la source féconde et inépuisable. »

La dévotion au sacré Cœur de Jésus est donc, dans l'expansion admirable avec laquelle elle se répand aujourd'hui, un signe non équivoque de l'approche des derniers temps [1].

---

[1] *Vie de la V. Marguerite-Marie Alacoque*, Lyon, 1842 p. 282.

XXXVII

PROPHÉTIE DU V. BARTHÉLEMY HOLZHAUSER [1]

I. — Le commentateur inspiré, après avoir successivement parcouru les divers âges du monde et de l'Église, qu'il divise en périodes, avec des caractères historiques parfaitement

---

[1] Mort curé de Bingen, né en 1613, mort en 1658. Ce saint prêtre fut le restaurateur de la discipline ecclésiastique en Allemagne au XVIIe siècle. Il mourut en odeur de sainteté à Bingen, le 20 mai 1658, à peine âgé de 45 ans.
Consulté par Charles Ier, roi d'Angleterre, alors en exil, il prédit que les Anglais, de nouveau convertis un jour à la foi catholique, feraient plus pour l'Église qu'après leur conversion primitive. Dès 1635, il avait annoncé que le sacrifice éternel, la sainte messe, serait supprimé en Angleterre pendant cent vingt ans; ce qui nous reporte à l'année 1778 où fut aboli le décret de 1658 qui punissait de mort l'exercice du culte catholique dans ce pays. Il a également prédit les ravages du joséphisme, le châtiment des guerres de l'Empire et les destinées de Pie VII qu'il désigne comme saint Malachie, sous le nom d'*Aigle ravisseur*, *Aquila rapax*. C'est, favorisé de communications célestes, au mi-

tranchés, et qui se sont littéralement vérifiés pour les temps postérieurs à ses prédictions et à sa mort, arrive à la période sabbatique. Il annonce d'abord les calamités que nous avons traversées depuis, ou qui nous attendent encore avant l'avénement de cette grande période.

« Nous ne voyons partout, dit-il [1], que calamités déplorables : tout est dévasté par la guerre ; les catholiques sont opprimés par les hérétiques et les mauvais chrétiens. L'Église et ses ministres sont rendus tributaires ; les principautés sont bouleversées, les monarques mis à mort ; *les hommes conspirent à ériger des républiques.* »

II. — « Mais alors, poursuit-il en caractérisant nettement l'époque de rénovation qui

---

lieu de cruelles épreuves, passant des journées entières dans le jeûne, la prière et la plus profonde solitude, qu'il écrivit son interprétation de l'Apocalypse.

[1] *Interprétation de l'Apocalypse, ou Histoire des sept âges de l'Église,* par B. Holhzauser, édit. Vivès, 1857, t. I. p.184.

doit précéder l'arrivée de l'Antechrist, il se fait un changement étonnant par la main du Dieu tout-puissant, tel que personne ne peut se l'imaginer. Car le monarque puissant qui viendra comme envoyé de Dieu, détruira les républiques de fond en comble ; il soumettra tout à son pouvoir et emploiera son zèle à exalter la vraie Église du Christ. Toutes les hérésies seront reléguées en enfer. L'empire ottoman sera ruiné et le grand Monarque règnera en Orient et en Occident. Alors toutes les nations viendront et adoreront le Seigneur, leur Dieu, dans la vraie foi catholique et romaine. Beaucoup de saints et de docteurs fleuriront sur la terre. Les hommes aimeront le jugement et la justice. La paix règnera dans tout l'univers, parce que la puissance divine liera Satan pour plusieurs années, jusqu'à ce que vienne le Fils de perdition, qui le déliera de nouveau. »

XXXVIII

PROPHÉTIE DE LA SŒUR ALPHONSE-MARIE [1]

DITE L'EXTATIQUE DE NIEDERBRONN.

Le sort des Prophètes de l'ancienne loi est bien dépeint dans ces paroles du divin Maître à la ville sainte : « Jérusalem, Jérusalem, tu te plais à lapider les Prophètes qui te sont envoyés ! » Aux inspirés de la loi nouvelle les épreuves ont de même rarement fait défaut : ils ont passé d'habitude par les persécutions des philosophes, des esprits forts et des pécheurs endurcis qui les ont amplement lapidés de la langue. Mais être prophète dans

---

[1] Née en 1814, morte en 1869.

sa patrie même ; menacer, dans la maison de son père, les prévaricateurs obstinés des châtiments divins ; censurer, à l'ombre de son clocher, la tiédeur et les défaillances du sanctuaire et du cloître, Notre Seigneur l'a dit, un tel prophète ne marchera guère par le chemin des honneurs et des bénédictions du monde. Mais si Dieu demeure pour lui, l'œuvre de ce prophète n'en avancera que plus sûrement.

Ainsi en est-il arrivé à la sœur Alphonse-Marie, plus connue sous le nom d'Extatique de Niederbronn, du nom du village où elle est née, où elle a passé sa vie, et où elle s'est endormie dans le Seigneur, il y a à peine un an. Nous l'avons entendu louer quelquefois, blâmer le plus souvent. Les *Lettres* de l'abbé Busson (1849-1852) ont fait justice de ces excès. Dieu a béni amplement l'œuvre de miséricorde à la fondation de laquelle elle a consacré son existence : les nombreuses et ferventes maisons des *Filles du divin Rédempteur* pour le soulagement des indigents et des malades de la campagne en sont la preuve.

La plupart des prophéties de la sœur Alphonse-Marie se sont accomplies en leur temps. Si elle s'est trompée quelquefois dans ses prédictions, elle a ressemblé en cela à bien des saints que Dieu abandonnait parfois à leurs propres inspirations pour affermir leurs pas dans le chemin de l'humilité et conserver aux Livres saints le privilége exclusif de l'infaillibilité. Nous ne citerons que les prophéties où la Sœur parle des épreuves actuelles de l'Église et de la France.

I. — Dans la nuit du 10 au 11 décembre 1848 [1], après avoir longtemps prié pour le Saint-Père et pour les grands qui gouvernent,

---

[1] *Lettres* de M. l'abbé Busson, t. I, p. 57.

l'Extatique a entendu ces mots : « *Vois, ma fille, je châtierai tous ces grands qui ne croient point en moi et qui se moquent de moi. Je leur ferai connaître ma puissance. Aucun d'eux ne restera au pouvoir.* »

Louis-Napoléon venait d'être élu président de la République, ce 10 décembre même, sans que l'Extatique ait pu connaître encore le résultat des votes. Le système du nouveau gouvernement et sa chûte suprême semblent s'annoncer ainsi dès le début.

II. — La prédiction des épreuves et des consolations de l'Église, faite par la sœur Alphonse-Marie, est en tout conforme à celles que nous avons rapportées jusqu'ici. « Tout le mois de juin 1849, raconte M. l'abbé Busson [1], a été pour la malade une période de souffrances intérieures telles qu'elle n'en a pas encore éprouvé d'aussi grandes. Ses

___
[1] *Ibid.*, p. 67.

extases, qui ont été journalières, lui ont constamment montré des révoltes, des émeutes, des combats en France et ailleurs... Elle a vu partout un aveuglement général qui retient les hommes dans l'oubli de Dieu et qui les précipite, un bandeau sur les yeux, dans toutes les iniquités...

« Plus que jamais la prière lui a été recommandée pour détourner ou adoucir les châtiments et ramener les prévaricateurs au devoir ; plus que jamais elle s'est sentie poussée irrésistiblement à prier pour l'Église et les prêtres.

« Mais bien que ces maux soient des châtiments de Dieu, ils ne viennent cependant pas seulement de sa justice; sa miséricorde en est aussi le principe. Il veut corriger les hommes en les punissant. Il veut qu'on reconnaisse enfin sa Providence. Voilà pourquoi les méchants ne réussiront pas dans leurs desseins pervers.

Voilà aussi pourquoi dans les lieux où il y a encore de la foi, de la religion, et où l'on honore Marie, Dieu fera éclater sa protection d'une manière spéciale. *Les méchants épureront l'Église par des secousses terribles, mais là se borneront leurs succès.* L'ordre renaîtra, on verra la foi se ranimer, la religion refleurir.

« *C'est là presque toujours le trait final de ses révélations.* »

XXXIX

PROPHÉTIE DE L'ABBÉ PÉTIOT[1]

« Dans une grande ville d'Europe, un grand bruit s'élèvera tout à coup pendant la nuit.

« Un chef apparaîtra demandant asile, car il sera proscrit.

---

[1] Cette prophétie s'applique avec une surprenante exactitude aux événements contemporains. Elle est due à l'abbé Pétiot, mentionné dans un livre de 1790 comme ayant prédit la Révolution.

La prédiction dont nous parlons avait été trouvée parmi les papiers de l'abbé.

Quoi qu'il en soit, elle a été publiée en 1851, bien avant qu'il fût question du coup d'État et du vote plébiscitaire.

« Le tocsin se fera entendre, les trompettes sonneront, la population sera debout.

« Les uns diront *oui*, les autres *non*.

« La fusillade retentira dans les rues; mais une armée viendra de la campagne et combattra les citadins.

« Le chef se rendra maître de la ville, il s'y défendra contre les ennemis, et sept autres chefs marcheront contre lui et le vaincront.

« Mais, après une sanglante bataille, quand les triomphateurs croiront recueillir le fruit de la lutte, un homme nouveau, inconnu, s'élèvera pour rendre la paix à la société ébranlée, et la Révolution trouvera la solution définitive jusqu'à... »

Le texte finit là et se termine par des calculs cabalistiques, d'après lesquels l'abbé Pétiot croyait avoir trouvé, à la date de 1852, l'époque des événements qu'il prédisait.

Malgré cette erreur, qui n'en est peut-être pas une, dit l'*Écho de Fourvière*, malgré le langage mystique et obscur de la prédiction, il n'est pas difficile d'y reconnaître le récit complet des événements actuels.

Le grand bruit qui s'abat dans une grande ville, c'est la révolution de 1848. Ce chef proscrit qui vient demander asile, c'est Louis-Napoléon demandant à rentrer en France. Ce tocsin, cette fusillade, ne sont-ce pas les combats du 2 décembre ?

Quant à cette phrase : les uns diront *oui*, les autres *non*, il est difficile de trouver une prédiction plus claire des différents votes qui ont fondé ou maintenu l'empire.

L'armée qui vient de la campagne désigne fort bien l'influence décisive des campagnes sur le suffrage universel.

Le chef, maître de la ville et s'y défendant contre ses ennemis, c'est l'empire et les moyens répressifs qu'il a dû employer pour se maintenir.

Voici venir maintenant sept chefs qui parviennent à le vaincre, et il y a en effet sept armées allemandes en France ; mais, ce qui est plus caractéristique encore, il s'est ligué contre nous sept races allemandes, ayant des gouvernements distincts : les Prussiens, les Saxons, les Hessois, les Mecklembourgeois, les Bavarois, les Wurtembergeois et les Badois.

Le reste de la prédiction est le secret de l'avenir ; mais il est rare de rencontrer un récit prophétique présentant un ensemble de coïncidences aussi claires, aussi précises.

Nous le répétons encore, cette prophétie a été publiée au mois de décembre 1851, bien avant qu'il fût question du vote plébiscitaire ; l'éditeur lui-même avouait ne rien comprendre à cette armée de campagnards, à ces sept chefs, à tout ce langage énigmatique, et il comptait que l'année 1852 devait donner la clef du problème.

XL

PRÉDICTIONS ET VISIONS DE MARIE LATASTE [1]

« Ma fille, me dit un jour le Sauveur Jésus... portez votre attention sur l'homme en société, sur les peuples, sur les nations.

---

[1] Née le 21 février 1822, au village de Mimbaste, près Dax (Landes), au diocèse d'Aire. — Cette vertueuse fille, qui n'était qu'une humble paysanne illettrée, fut favorisée, depuis 1839, de communications célestes qui remplirent sa belle âme de la conscience divine et infuse. — Au mois de mai 1844, Marie Lataste entra au couvent du Sacré-Cœur de Paris, en qualité de sœur coadjutrice. Le 4 mai 1846, elle quittait le noviciat de Conflans, avec quelques religieuses, sous la conduite de la Révérende Mère de Charbonnel, pour la fondation du *Sacré-Cœur de Rennes*, en Bretagne, où sœur Lataste mourut en odeur de sainteté, le 10 mai 1847, à l'âge de 25 ans, deux mois et dix-huit jours, en réalisation littérale de la révélation que lui fit Notre Seigneur, alors qu'elle n'avait que dix-neuf ans en lui disant : « ... tu verras ta vingt-cinquième année

Qui a fait l'homme individu particulier ? Qui a fait l'homme vivant en famille ? Qui a fait l'homme attaché à une nation, à un empire ? N'est-ce pas Dieu qui attache l'homme par ces liens mystérieux ? Oui, c'est Dieu, car l'homme de lui-même est ennemi du joug ; il aime ce qu'il nomme la liberté, et cette liberté le détacherait de sa patrie et de son prince. Une loi existe pour régir les nations et les empires ; cette loi est un joug qui semble briser la liberté de l'homme. Mais au-dessus des volontés des hommes se trouve la volonté de Dieu qui soumet les hommes à ceux qu'il a établis pour les gouverner.

---

dans son entier, mais tu mourras avant d'avoir achevé la vingt-sixième. » — Voir lettre xxxviiie, p. 335, t. Ier de *La Vie et les Œuvres* de Marie Lataste, ouvrage en trois volumes publié pour la première fois en 1862. Aux yeux du chrétien, c'est le livre le plus précieux et le plus merveilleux de notre temps, grâce au talent éclairé de M. l'abbé Pascal Darbins qui a présidé à sa laborieuse coordination.

« La voix de Dieu s'élève : il soumet les peuples aux princes et aux rois. La voix de Dieu s'élève : il se fait obéir des monarques et des potentats. La voix de Dieu s'élève : il fait trembler les têtes couronnées, comme un enfant dans son berceau. La voix de Dieu s'élève : il proclame sa bonté, sa miséricorde ou sa justice sur les peuples et les rois. La voix de Dieu s'élève : il donne la prospérité aux nations et à leurs rois. La voix de Dieu s'élève : il préserve de tout mal les peuples et leurs souverains. La voix de Dieu s'élève : il brise les monarques et fait disparaître leur empire comme un nuage que le vent chasse du ciel.

« L'homme vit, se remue, marche, s'agite, se débat ; mais c'est Dieu qui le mène et le conduit. Il en est de même des nations. Tout a été fait par Dieu, et rien ne résiste à sa volonté. Tout a été fait par Dieu, et tout sert d'instrument à Dieu dans l'exécution de ses desseins et de ses jugements. Il pourrait les exécuter seul; mais il lui plaît de se servir des instruments qu'il a créés, et il n'indique à personne ni la manière de parvenir à ses desseins, ni le moment où il atteindra son but, ni le motif pour lequel il avance ou retarde l'accomplissement de sa volonté.

« Insensé qui ne reconnaît pas Dieu dans gouvernement des hommes!...

« ... Les rois devraient avoir une seule vue, une seule idée, celle de soutenir parmi leurs peuples l'ordre et la justice; or, cet ordre et cette justice ne peuvent exister, ni être soutenus que par la conformité à l'ordre souverain, à la justice éternelle, Dieu. Le Seigneur a tracé aux princes et aux rois ses commandements, comme il les a donnés à Moïse et à Josué. S'ils les font observer comme eux, ils rendront leurs peuples heureux et feront couler dans tout leur empire le lait et le miel en abondance, c'est-à-dire que Dieu bénira le roi et les sujets, et les comblera de biens, comme les Israélites dans la terre promise. Les bons rois font les bons peuples et les pervers les pervertissent.

« Ma fille, me dit un autre jour le Sauveur Jésus... ne soyez jamais du nombre de ces insensés qui attribuent au hasard, au destin, à la volonté ou à la combinaison des hommes les événements heureux qui réjouissent, ou les malheurs qui affligent. Ne voyez en tout que la Providence de Dieu, réglant, gouvernant et dirigeant tout ici-bas.

« L'âme juste voit la Providence dans tous les événements du monde, et ne cesse de la louer et la bénir.

« L'âme juste n'attribue point le gain d'une bataille à la valeur, au courage, au nombre des soldats, à l'habileté des capitaines; elle l'attribue à la Providence de Dieu, qui donne la victoire à qui il lui plaît.

« L'âme juste n'attribue point la prospérité d'un empire au gouvernement du prince de cet empire; elle l'attribue à la Providence de Dieu, lumière, conseil, puissance et soutien de ce prince.

« L'âme juste n'attribue point la chute d'une dynastie royale à la faiblesse ou à l'incurie des membres de cette dynastie; elle l'attribue à la Providence de Dieu, qui fait et défait les rois de la terre pour sa gloire et le bonheur des peuples ou leur châtiment.

« L'âme juste n'attribue point les fléaux, les inondations, la fureur des flots des mers, l'irritation du tonnerre, la famine, la peste, la guerre, les maladies, la mort, à des causes naturelles; elle attribue tout à Dieu, qui commande à l'océan comme à la foudre, qui donne l'abondance ou la stérilité, qui conserve la paix ou permet le trouble parmi les hommes, et leur envoie, quand il lui plaît, la maladie ou la santé.

« ... En un mot, l'âme juste voit en tout et partout le doigt de Dieu... »

Je l'avais entendu le dimanche précédent ; sa voix, au lieu d'être douce, bonne et toute paternelle, me semblait être la voix d'un Dieu irrité contre les pécheurs. Sa bouche était pleine de menaces, il s'exprima à peu près ainsi :

« Mon peuple, je viens vous faire entendre ma voix et vous reprocher vos iniquités. La terre n'est qu'un foyer de corruption. J'ai regardé à droite et je n'ai vu que vanité et mensonge ; j'ai regardé à gauche et je n'ai vu que turpitudes et infamies qui font horreur. J'ai regardé dans le passé, et l'histoire des siècles n'est qu'un long mémoire de cruautés affreuses ; je regarde le présent, et je vois tous les hommes s'élever contre Dieu, blasphémer son nom et violer ses lois. Mais je m'élèverai contre ces superbes pécheurs, je ferai gronder mon tonnerre au-dessus de leur tête, et ma foudre ébranlera la terre sous leurs pieds. J'éclairerai leurs yeux du feu de mes éclairs, et les envelopperai dans le brouillard impénétrable de mes nuages. Ainsi je jetterai la consternation parmi eux. Hommes vindicatifs, sachez-le bien, la main de Dieu seul doit s'armer pour la vengeance. Si vous avez reçu une injure, plaignez-vous à Dieu. Périssent votre or et votre argent, hommes avares ; et si vous demeurez attachés à vos richesses, vous périrez comme elles. Hommes voluptueux, quelle vie est la vôtre? Ne savez-vous donc pas que rien d'impur n'entrera jamais dans le royaume des cieux? Hommes superbes, qui êtes-vous devant le Fils de Dieu, qui s'est fait humble jusqu'à la mort de la croix? Mon Père, si ma voix n'est pas écoutée par les hommes, exterminez tous ceux qui vivent et qui ont les mains souillées de sang, le cœur rempli d'iniquités, l'âme esclave de Satan. Mon Père, créez-moi un peuple nouveau, et que ce peuple glorifie votre nom dans le temps et dans l'éternité. » — La voix du Sauveur Jésus était terrible et me glaçait d'effroi.

Un jour de la fête de l'Immaculée-Conception, j'étais venue prier devant l'autel de Marie, longtemps avant la célébration de la sainte messe. J'avais rendu mes hommages à Marie conçue sans péché. J'avais félicité Notre Seigneur Jésus-Christ d'avoir une créature si privilégiée pour mère. Je m'associai de tout cœur à la croyance de l'Église et m'unis à tous les fidèles qui, en ce jour, rendaient honneur à Marie. J'eus le bonheur de communier. Quand Jésus fut dans mon cœur, il me dit ainsi : « Ma fille, vos hommages ont été agréés par ma Mère et aussi par Moi. Je veux vous remercier de votre piété par une nouvelle qui vous fera plaisir. Le jour va venir où le ciel et la terre se concerteront ensemble pour donner à ma Mère ce qui lui est dû dans la plus grande de ses prérogatives. Le péché n'a jamais été en Elle, et sa conception a été pure et sans tache, et immaculée comme le reste de sa vie. Je veux que sur la terre cette vérité soit proclamée et reconnue par tous les chrétiens. Je me suis élu un Pape et j'ai soufflé dans son cœur cette résolution. Il aura toujours dans sa tête cette pensée pendant qu'il sera Pape. Il réunira les évêques du monde pour entendre leurs voix proclamer Marie immaculée dans sa conception, et toutes les voix se réuniront dans sa voix. Sa voix proclamera la croyance des autres voix, et retentira dans le monde entier.

Alors, sur la terre, rien ne manquera à l'honneur de ma Mère. Les puissances infernales et leurs suppôts s'élèveront contre cette gloire de Marie, mais Dieu la soutiendra de sa force, et les puissances infernales rentreront dans leur abîme avec leurs suppôts. Ma Mère apparaîtra au monde sur un piédestal solide et inébranlable ; ses pieds seront de l'or le plus pur, ses mains comme de la cire blanche fondue, son visage comme un soleil, son cœur comme une fournaise ardente. Une épée sortira de sa bouche et renversera ses ennemis et les ennemis de ceux qui l'aiment et l'ont proclamée sans tache.

Ceux de l'Orient l'appelleront la *Rose mystique*, et ceux du Nouveau-Monde la *Femme forte*. Elle portera sur son front, écrit en caractères de feu : « Je suis la ville du Seigneur, la protection des opprimés, la consolation des affligés, le rempart contre les ennemis. » Or, l'affliction viendra sur la terre, l'oppression règnera dans la cité que j'aime et où j'ai laissé mon cœur. Elle sera dans la tristesse et la désolation, environnée d'ennemis de toutes parts, comme un oiseau pris dans les filets. Cette cité paraîtra succomber pendant trois ans et un peu de temps encore après ces trois ans. Mais ma Mère descendra dans la cité; elle prendra les mains du vieillard assis sur un trône, et lui dira : « Voici l'heure, lève-toi. Regarde tes ennemis, je les fais disparaître les uns après les autres, et ils disparaissent pour toujours. Tu m'as rendu gloire au ciel et sur la terre, je veux te rendre gloire sur la terre et au ciel. Vois les hommes, ils sont en vénération devant ton nom, en vénération devant ton courage, en vénération devant ta puissance. Tu vivras, et je vivrai avec toi. Vieillard, sèche tes larmes, je te bénis. »

La paix reviendra dans le monde, parce que Marie soufflera sur les tempêtes et les apaisera ; son nom sera loué, béni, exalté à jamais. Les captifs reconnaîtront lui devoir leur liberté, et les exilés la patrie, et les malheureux la tranquillité et le bonheur. Il y aura entre Elle et tous ses protégés un échange mutuel de prières et de grâces, et d'amour et d'affection ; et de l'Orient au Midi, du Nord au Couchant, tout proclamera Marie, Marie conçue sans péché, Marie Reine de la terre et des cieux.

J'ai entendu un jour la voix du Sauveur Jésus prononcer ces paroles :

« Je me souviendrai de mon alliance avec l'Église dans tous les siècles.

« L'Église est mon Épouse : la croix est notre lit nuptial. C'est sur la croix que j'ai engendré mes enfants par l'effusion de mon sang ; c'est sur la croix que le sein de l'Église est devenu fécond par la grâce du Saint-Esprit.

« Elle est belle, mon Épouse, et je suis toujours auprès d'Elle pour la soutenir et la consoler; Elle souffrirait trop de mon absence si je m'éloignais d'Elle.

« Comme son Époux, Elle est en butte à la persécution. Satan s'élève de dessous les pieds de l'Église; il arme contre Elle ses propres enfants pour lui déchirer le sein, et les enfants dénaturés de mon Épouse écoutent la voix de Satan.

« Elle élève sa voix et tourne vers moi ses yeux mouillés de larmes. Non, je ne permettrai pas que ses ennemis aient le dessus.

« Ma fille, je vous le dis en vérité, il est quelquefois assez d'une âme qui se présente devant Dieu dans la crainte et le tremblement, et qui lui adresse ses supplications, pour arrêter son bras vengeur déjà levé contre une nation tout entière.

« Priez, ma fille, priez beaucoup pour la France : le nombre de ses iniquités s'accroît de jour en jour ; priez pour elle, et désarmez le courroux de mon Père. Joignez-vous aux âmes pieuses et saintes qui lui adressent leurs incessantes supplications. Si Dieu veille sur la France et la protége malgré ses iniquités, ce n'est qu'en vue des prières et des supplications nombreuses qui lui sont adressées et qui montent jusqu'à lui pour le fléchir.

« Mon fils, priez pour la France ; je l'a déjà dit et je me plais à vous le répéter, si les coups de la justice de mon Père ne sont pas tombés sur elle, c'est Marie, la Reine du ciel, qui les a arrêtés. Satan rugit de rage au fond des enfers contre un royaume qui lui a porté, à la vérité, de rudes coups ; il frémit de rage en voyant le bien qui se fait dans cette contrée; il fait tous ses efforts pour augmenter le mal et irriter davantage la vengeance divine.

« Mais une chaîne qu'il ne peut briser le captive; car ma Mère a un droit spécial sur la France, qui lui est consacrée, et, par ce droit, elle arrête le bras courroucé de Dieu et répand sur ce pays, qui lui est voué, les bénédictions du Ciel pour le faire croître dans le bien. C'est pourquoi je ne cesse d'avertir pour prévenir d'immenses calamités.

« O France ! ta gloire s'étendra au loin ; tes enfants la porteront au delà de la vaste étendue des mers, et ceux qui ne te connaîtront que de nom prieront pour ta conservation et ta prospérité.

« Mon fils... chaque fois que vous célébrerez la sainte messe, priez pour le bien et la conservation de la France. »

... Je vis clairement et distinctement ce

que je puis exprimer ainsi : il y a en France beaucoup de bien et beaucoup de mal aussi. Si le bien était proportionné au mal, nous n'aurions pas autant à redouter les coups de la justice de Dieu, parce qu'elle serait autant apaisée par le bien qu'irritée par le mal qui se commet. Or, il n'en est pas ainsi : le bien est inférieur au mal, et il n'est pas suffisant pour détourner les vengeances de Dieu. Il faut encore plus de bien. Heureusement que la sainte Vierge intercède pour nous et empêche la justice de Dieu de tomber sur nos têtes. Mais Marie veut qu'on l'implore et qu'on recoure à Elle. Elle se place entre Dieu et nous, nous regarde et attend nos prières et nos supplications. Son cœur est plein de bonté et de tendresse. Une seule parole adressée à Marie nous obtient des grâces immenses. Dieu se laissera fléchir si nous implorons Marie. Marie nous mendie nos prières tant elle a la volonté et le désir de nous venir en aide.

Voici ce que me dit dimanche dernier, après la sainte communion, le Sauveur Jésus : « Ma fille, aujourd'hui je veux vous parler de votre patrie. Je vous ai entretenu plusieurs fois de la France, mais je ne vous ai point dit encore ce qu'elle est ni comment elle agit. Écoutez :

« Le premier roi, le premier souverain de la France, c'est moi. Je suis le maître de tous les peuples, de toutes les nations, de tous les royaumes, de tous les empires, de toutes les dominations ; je suis particulièrement le maître de la France. Je lui donne prospérité, grandeur et puissance au-dessus de toutes les autres nations quand elle est fidèle à écouter ma voix. J'élève ses princes au-dessus de tous les autres princes du monde quand ils sont fidèles à écouter ma voix. Je bénis ses populations plus que toutes les autres populations de la terre quand elles sont fidèles à écouter ma voix. J'ai choisi la France pour la donner à mon Église comme sa fille de prédilection. A peine avait-elle plié sa tête sous mon joug, qui est suave et léger, à peine avait-elle senti le sang de mon cœur tomber sur son cœur pour la régénérer, pour la dépouiller de sa barbarie et lui communiquer ma douceur et ma charité, qu'elle devint l'espoir de mes Pontifes, et bientôt après leur défense et leur soutien. Ils lui donnèrent le nom bien mérité de fille aînée de l'Église. Or, vous le savez, tout ce qu'on fait à mon Église, je le regarde comme fait à moi-même. Si on l'honore, je suis honoré en Elle; si on la défend, je suis défendu en Elle; si on la trahit, je suis trahi en Elle; si on répand son sang, c'est mon sang qui coule de ses veines. Eh bien! ma fille, je le dis à l'honneur, à la gloire de votre patrie, pendant des siècles, la France a défendu, protégé mon Église, elle a été mon instrument plein de vie, le rempart indestructible et visible que je lui donnais pour la protéger contre ses ennemis. Du haut du ciel, je la protégeais, elle, ses rois et leurs sujets. Que de grands hommes elle a produits, c'est-à-dire que de saints dans toutes les conditions, sur le trône comme dans les plus humbles chaumières ! Que de grands hommes elle a produits, c'est-à-dire que d'intelligences amies de l'ordre et de la vérité ! Que de grands hommes elle a produits, c'est-à-dire que d'esprits uniquement fondés pour leurs actions sur la justice et sur la vérité ! Que de grands hommes elle a produits, c'est-à-dire que d'âmes embrasées du feu brûlant de la charité ! C'est moi qui lui ai donné ces hommes qui feront sa gloire à jamais.

« Ma générosité n'est point épuisée pour la

France ; j'ai les mains pleines de grâces et de bienfaits que je voudrais répandre sur elle. Pourquoi a-t-il fallu, faut-il encore et faudra-t-il que je les arme de la verge de ma justice ?

« Quel esprit de folle liberté a remplacé dans son cœur l'esprit de la seule liberté véritable descendue du ciel, qui est la soumission à la volonté de Dieu ! Quel esprit d'égoïsme sec et plein de froideur a remplacé dans son cœur l'esprit ardent de la charité descendue du ciel, qui est l'amour de Dieu et du prochain ! Quel esprit de manœuvres injustes et de politique mensongère a remplacé dans son cœur la noblesse de sa conduite et la droiture de sa parole, conduite et parole autrefois dirigées par la vérité descendue du ciel, qui est Dieu lui-même !

« Je vois encore, je verrai toujours dans le royaume de France, des hommes soumis à ma volonté, des hommes enflammés de la vérité ; mais à cette heure, ma fille, le nombre en est petit. Aussi elle brise le trône de ses rois, exile, rappelle, exile encore ses monarques, souffle sur eux le vent des tempêtes révolutionnaires, et les fait disparaître comme les passagers d'un navire englouti dans les abîmes de l'Océan. A peine leur reste-t-il dans ce naufrage une planche de salut qui les mène quelquefois au rivage. Je lui ai suscité des rois; elle en a choisi d'autres à son gré. N'a-t-elle point vu, ne voit-elle pas que je me sers de sa volonté pour la punir, pour lui faire lever les yeux vers moi ? Ne trouve-t-elle pas aujourd'hui le joug de son roi pénible et onéreux ? Ne se sent-elle pas humiliée devant les nations ? Ne voit-elle pas la division parmi les esprits de ses populations ? Elle n'est point en paix. Tout est dans le silence à la surface, mais tout gronde, tout mugit, tout fermente en-dessous, dans le peuple, dans ceux qui se trouvent immédiatement au-dessus du peuple, comme parmi les grands. L'injustice marche tête levée et semble être revêtue d'autorité, elle n'a pas d'obstacle, elle agit comme elle veut agir. L'impiété fait ses préparatifs pour dresser son front orgueilleux et superbe dans un temps qu'elle ne croit pas éloigné et qu'elle veut hâter de tout son pouvoir. Mais en vérité, je vous le dis, l'impiété sera renversée, ses projets dissipés, ses desseins réduits à néant à l'heure où elle les croira accomplis et exécutés pour toujours.

« France ! France ! combien tu es ingénieuse pour irriter et pour calmer la justice de Dieu ! Si tes crimes font tomber sur toi les châtiments du Ciel, ta vertu et ta charité criera vers le Ciel : Miséricorde et pitié, Seigneur !

« Il te sera donné, ô France, de voir les jugements de ma justice irritée, dans un temps qui te sera manifesté, et que tu connaîtras sans crainte d'erreur; mais tu connaîtras aussi les jugements de ma compassion et de ma miséricorde, et tu diras : Louange et remerciement, amour et reconnaissance à Dieu à jamais dans les siècles et dans l'éternité !

« Oui, ma fille, au souffle qui sortira de ma bouche, les hommes, leurs pensées, leurs projets, leurs travaux, disparaîtront comme la fumée au vent.

« Ce qui a été pris sera rejeté, ce qui a été rejeté sera pris de nouveau. Ce qui a été aimé et estimé sera détesté et méprisé, ce qui a été méprisé et détesté sera de nouveau estimé et aimé.

« Quelquefois un vieil arbre est coupé dans une forêt, il ne reste plus que le tronc; mais un rejeton pousse au printemps, et les années le développent et le font grandir; il devient lui-même un arbre magnifique, l'honneur de la forêt.

« Priez pour la France, ma fille, priez beaucoup, ne cessez point de prier. »

Je levai vers le ciel les yeux de mon âme, comme pour m'offrir à Dieu en union avec Jésus-Christ que je venais de recevoir. Or, il me sembla voir en l'air une personne, mais je ne voyais que la moitié de son corps.

Elle dit, d'une voix forte et d'un ton assuré :

« Le Seigneur a abaissé ses yeux sur la prière des âmes humbles, et il n'a point méprisé leurs demandes. Sion sera rétablie, et on écrira le rétablissement de Sion dans les annales de l'histoire pour en faire passer le souvenir jusqu'au dernier âge, afin que les générations à venir louent le Seigneur de ce qu'il a regardé du haut de son sanctuaire et contemplé la terre du haut des cieux, pour entendre les gémissements des captifs et pour briser les liens des enfants de ceux qui ont été mis à mort.

« Gloire au Père, au Fils et au Saint-Esprit. »

Cette personne s'arrêta; elle jeta les yeux sur moi comme pour me dire d'achever, et je prononçai ces paroles : A présent et toujours, au commencement et dans tous les siècles des siècles. Ainsi soit-il.

J'en vis une autre qui fermait ses oreilles avec ses mains, et qui s'écriait :

« J'entends le bruit des trompettes et des cymbales. Qu'est-ce que cette bruyante musique qui résonne à mes oreilles ? »

La première voix répondit : « C'est le bruit des puissances des ténèbres. Les hommes se sont réunis pour s'élever contre le Seigneur, et ils ont dit : Qui nous punira? Mais Celui qui n'a jamais eu de commencement et qui n'aura jamais de fin les a vus et entendus; il lancera contre eux des traits brûlants et dévorants, et ils seront dispersés. »

Je vis une troisième personne dont la figure inspirait la dévotion, et sur laquelle étaient reflétés l'amour de Dieu, la joie et la reconnaissance. Elle éleva ses mains au ciel, en disant : « Je louerai le Seigneur sur les instruments d'harmonie, parce qu'il n'a pas permis que ceux qui espèrent en lui fussent livrés aux loups ravissants, ni aux ennemis des âmes, pour être broyés entre leurs dents.»

Je vis une quatrième personne qui s'écria d'un ton à la fois plein d'étonnement, de simplicité et de naïveté :

« J'ai vu un champ de blé dans sa maturité ; il brûlait, et à peine les moissonneurs ont-ils pu en ramasser quelques gerbes pour les porter dans les greniers du grand Roi ; ils ont dit que les pertes sont considérables. »

Le Seigneur Jésus m'adressa un jour ces paroles :

« Ma fille, une voix se fera entendre dans le désert, et l'écho répétera dans le lointain ce que cette voix aura prononcé.

« Cette voix est encore enrouée ; mais dans le temps, elle aura un ton aigu et perçant comme celui des trompettes que vous entendez dans les villes.

« Cette voix est comme une trompette faite par les mains d'un habile ouvrier. Elle est faite d'abord d'argile ; plus tard, elle sera plongée dans le fer fondu, afin qu'elle devienne plus forte et plus solide ; plus tard encore, elle sera plongée dans de l'argent fondu, pour qu'elle soit blanchie et revêtue d'éclat, enfin elle sera plongée dans l'or fondu, et elle apparaîtra comme une merveille faite par la main de Dieu. Elle sera remplie de la grâce du Saint-Esprit.

« Plusieurs entendront le son de cette voix.

« Des malheureux bien affligés, assis sur le bord de l'abîme et sur le point de s'y précipiter à cause de leur désespoir, entendront le son de cette voix; ils se lèveront, essuieront leurs larmes, parce qu'elle les consolera, et vivront pour bénir le Seigneur.

« D'autres malheureux, dormant sur le bord de la mer d'un sommeil léthargique et près d'être submergés, entendront le son de cette voix; ils se réveilleront, se mettront hors de danger, et rendront gloire à Dieu.

« Des prisonniers, enfermés dans une sombre prison et retenus dans les fers, entendront le son de cette voix. Elle brisera leurs chaînes, ouvrira la porte de leurs cachots, leur donnera de saints avis, armes terribles contre leurs ennemis, et ils verront leurs ennemis effrayés prendre la fuite.

« Plusieurs, voyant la réputation de cette voix, viendront de loin pour l'entendre, et ils s'en retourneront meilleurs qu'ils n'étaient venus.

« Elle est aujourd'hui cachée sous terre, très-peu l'entendent; mais quand le Seigneur viendra, il la déterrera.

« Je vois des jours plus heureux se lever pour les générations qui viendront, je les félicite de leur bonheur, et de ce que la main du Seigneur, si longtemps appesantie, se lève peu à peu.

« Je vois des cœurs négligents qui méprisent les grâces de Dieu, et ces grâces ont été données à d'autres.

« Je vois le soleil qui brille dans des lieux où l'on abuse de ses rayons, et qui va éclairer d'autres contrées qui reposent dans les ténèbres.

« Je vois un vaste champ à défricher; le

père de famille y envoie ses ouvriers pour cultiver cette terre arrosée par le sang des martyrs. Il la chargera de biens, et plus elle deviendra fertile, plus elle rapportera, et le superflu passera à ceux qui sont dans l'indigence.

« La gloire du Seigneur est immense; ses jugements sont des jugements secrets. »

VISION RÉALISÉE

« Voulez-vous que je vous montre un spectacle étonnant? descendez. »

Je descendis par une échelle qui se trouva placée toute droite, et Jésus descendit après moi. Nous arrivâmes à un marais dont le fond n'était pas bien considérable, puisque les herbes paraissaient au-dessus des eaux. Jésus se plaça sur une planche qui se trouva en ces lieux; je me plaçai sur une autre planche. Or, je vis au-dessus de l'eau une multitude innombrable de petites bêtes qui ressemblaient à des serpents, à des scorpions et à d'autres animaux que je ne connaissais pas.

Je vis sortir du milieu de la fange une bête énorme qui poussa de grands cris. Toutes les autres bêtes levèrent la tête et sortirent du marais à la suite de celle qui criait.

Sur une hauteur qui dominait le marais, je vis une place immense dans laquelle circulait une multitude très-nombreuse.

La bête sortie du milieu de la fange du marais jetait une fumée très-noire par ses narines et sa gueule ; elle vint se mettre au milieu de la place, et les autres petites bêtes se mêlèrent parmi la foule.

Du côté du Septentrion, vers lequel la bête était tournée, je vis un pont très-grand, dont une extrémité était un peu inclinée vers l'Orient et l'autre vers l'Occident. Sur le milieu du pont se trouvait un escalier en pierre d'environ dix pieds de large sur trente de hauteur, qui conduisait sur la place.

Je vis sur le pont un parapet contre lequel l'eau qui venait de l'autre côté venait se briser avec force pour rejaillir jusque sur la place.

Tout le monde, consterné, prit la fuite. Je vis sur le pont un nombre considérable de personnes allant et venant en tous sens et précipitant leurs pas.

Enfin je vis arriver, du côté de l'Occident, une procession très-nombreuse, la croix en tête, menée par des prêtres; je ne sais s'il y avait des évêques. Une autre procession arriva par l'escalier qui se trouvait au milieu du pont. La multitude était immense. On s'avança vers la place dont j'ai parlé; la bête ne bougeait pas. Elle était entourée par des prêtres, et je crois aussi par des évêques, mais ils n'osaient la toucher.

Alors on vit sur le pont un homme, monté sur un éléphant, s'avancer hardiment, tenant à la main une épée à double tranchant. Il paraissait extrêmement vigoureux ; il était revêtu d'une robe qui ne descendait pas tout à fait jusqu'aux genoux. Elle n'était point d'étoffe, mais elle paraissait très-dure, ainsi que le diadème que cet homme portait sur sa tête. Il traversa la foule et s'avança jusqu'auprès de la bête, tenant d'une main son épée et de l'autre une croix.

« Te voilà, monstre infernal, dit-il, voyons qui des deux sera le plus fort ! Regarde cette croix ! oserais-tu t'élever contre elle ? Toute ta puissance sera réduite à néant. »

Aussitôt il s'élança sur la bête ; il lui enfonça dans la gueule son épée, dont la pointe ressortit sur le dos.

La bête se retira dans le marais d'où elle était sortie.

Cet homme reçut toutes sortes de félicitations de la multitude, qui éclatait en transports de joie.

Il planta la croix qu'il tenait dans sa main sur le lieu même où la bête s'était assise, et ceux qui avaient été blessés aux bras, aux pieds, par les autres petites bêtes venues du marais, allaient se prosterner devant cette croix et se retiraient guéris.

Mais j'en vis un grand nombre parmi lesquels se trouvaient des ecclésiastiques qui étaient étendus à terre, sans vie, parce que ces bêtes les avaient blessés au cœur ou à la langue.

Enfin, celui qui avait fait fuir la bête dans le marais fit fermer l'ouverture par laquelle l'eau jaillissait sur la place. Il y fit bâtir une grande muraille et placer un grand tableau représentant la bête percée par la lance. Après cela, tous se retirèrent en procession du côté du pont qui était tourné vers l'Orient.

A PROPOS DES PRÉDICTIONS DE MARIE LATASTE

M. l'abbé Pascal Darbins, éditeur des prophéties de Marie Lataste, a adressé la lettre suivante à la *Décentralisation*, journal de Lyon.

« Saint-Étienne, 11 octobre 1870.

« Monsieur,

« Depuis le 4 septembre et plus spécialement depuis l'occupation de Rome par l'armée italienne, j'ai reçu un nombre considérable de lettres de personnes pleines d'anxiété sur ce qui se passe à cette heure. Elles me demandent la publication des autres prophéties de cette sainte fille sur les événements du jour. Permettez-moi de leur faire savoir par la *Décentralisation*, que j'ai publié en 1862, 1865 et 1870, dans les trois éditions des écrits de Marie Lataste, toutes les prophéties que j'ai trouvées dans les manuscrits. Je n'en ai excepté que celles dont l'accomplissement avait eu lieu en entier et qui avaient rapport à la révolution de 1848, à la personne de Louis-Philippe, et à la mort de monseigneur l'archevêque de Paris.

« Mais les extraits que vous en avez publié doivent suffire, je crois, pour éclairer les plus aveugles comme pour rassurer les plus craintifs.

« Nous sommes frappés, punis, châtiés sévèrement. Faut-il s'en étonner ? Ne le méritons-nous pas ?

« Dans le numéro IV du IVe livre de ses œuvres, « La Vierge Marie » elle annonce avec une précision remarquable les événements de Rome en 1870. Les ennemis de la papauté n'ont pas tenu à faire mentir la prophétesse de Mimbaste quoique cette prophétie ait été imprimée et distribuée en Italie à plus d'un million d'exemplaires.

« Elle avait dit : « Or l'affliction viendra sur la « terre, l'oppression régnera dans la cité que j'aime « et où j'ai laissé mon cœur ; elle sera dans la tris- « tesse et dans la désolation, environnée d'ennemis « de toutes parts, comme un oiseau pris dans les « filets. »

« Est-il une prophétie plus claire dans les termes qui la manifestent et mieux réalisée par les événements ? La vue du présent, la crainte de l'avenir mettent l'affliction dans tous les cœurs en Italie, en France, dans l'Europe et au-delà.

« Et pour que rien ne manque à l'indication des temps où nous sommes, Marie Lataste dit encore : « Cette cité paraîtra succomber pendant trois « ans et un peu de temps encore après ces trois « ans [1]. »

« Rome, au mois de septembre 1867, serait tombée entre les mains de l'armée italienne si notre armée n'était arrivée à temps au secours des zouaves pontificaux. C'est bien de ce moment là que Rome « paraît » succomber. Qui ne sait que notre armée n'a été débarquée à temps, que presque contre la volonté du gouvernement ? S'il n'avait eu honte de sa lenteur mal dissimulée, il aurait laissé Garibaldi pénétrer dans la ville sainte.

« Et depuis il n'a cherché, malgré les *jamais* de ses ministres, que l'occasion favorable pour retirer ses troupes. Il l'a trouvée cette occasion quelques jours, quelques heures avant sa chûte et Rome alors ne « paraît » plus succomber, mais succombe en réalité.

« Les « trois ans » annoncés par Marie Lataste

---

[1] *Œuvres de Marie Lataste*, 3ᵉ édition, t. II, liv. VI, nᵒ IV.

étaient achevés, mais il manquait ce qu'elle avait appelé « un peu de temps encore après ces trois « ans. » Et voilà pourquoi sans doute les zouaves pontificaux, malgré le départ de l'armée française l'ont tenue quelques jours afin que la prophétie fut accomplie en entier et à la lettre. « Cette cité *paraîtra* succomber pendant trois « ans et *un peu de temps encore après ces trois* « *ans.* »

« Le jour où la prise de Rome par l'armée italienne me fut annoncée, je ressentis dans mon cœur de français, de catholique et de prêtre une profonde tristesse. Cependant en face de cette grande tribulation, écrivais-je à un des plus illustres docteurs du séminaire de Saint-Sulpice, je surabonde de joie, *superabundo gaudio in omni tribulatione nostrâ*. La prophétie de Marie Lataste sur l'*Immaculée Conception* touche à ses derniers accomplissements.

« Humilions-nous et bénissons Dieu qui nous « éprouve, mais aussi espérons et réjouissons-« nous, les épreuves touchent à leur terme, grâce « à la protection de la Vierge du ciel que Jésus « nous promet par Marie Lataste. »

« Voici, en effet, comment s'exprime Marie

Lataste sur le triomphe de la papauté et la paix promise au ciel.

« Ma Mère descendra dans la cité; elle prendra
« les mains du vieillard et lui dira : Voici l'heure
« lève-toi. Regarde tes ennemis, je les fait dis-
« paraître les uns après les autres, et ils dispa-
« raissent pour toujours. Tu m'a rendu gloire au
« ciel et sur la terre. Vois les hommes, ils sont
« en vénération devant ton nom, en vénération
« devant ton courage, en vénération devant ta
« puissance. Tu vivras, et je vivrai avec toi.
« Vieillard, sèche tes larmes, je te bénis. »

« La paix reviendra dans le monde parce que
« Marie soufflera sur les tempêtes et les apaisera,
« son nom sera loué, béni, exalté à jamais. Les
« captifs reconnaîtront lui devoir leur liberté, et
« les exilés la patrie, et les malheureux la tranquil-
« lité et le bonheur. Il y aura entre elles et tous
« ses protégés un échange mutuel de prières et de
« grâces, et d'amour et d'affection, et de l'Orient
« au Midi, du Nord au Couchant, tout proclamera
« Marie Reine de la terre et des cieux. *Amen!* »

« Cette prophétie, écrite en 1813, a été imprimée pour la première fois en 1862. Si tout ce qu'elle a annoncé jusqu'à ce jour s'est accompli, pourquoi n'espérerions-nous pas l'accomplissement de ce qu'elle nous promet pour demain ?

« Mais est-ce que nous ne la voyons pas s'accomplir pour ainsi dire sous nos yeux et à tout moment ?

« Les ennemis de la papauté ! Combien ont déjà *disparu et disparu pour toujours*, depuis Cavour jusqu'au lâche couronné de Sedan.

« Les autres *disparaîtront* aussi et *disparaîtront* pour toujours.

« Le monde entier ! est-ce qu'il n'est pas en vénération devant l'auguste vieillard du Vatican ?

« Espérance donc ! La paix reviendra dans le monde, parce que, selon la parole de Marie Lataste, *Marie soufflera* sur les tempêtes et les apaisera.

« Elle élève sa voix et tourne vers moi ses yeux mouillés de larmes. Non, je ne permettrai pas que ses ennemis aient le dessus.

« Espérances en particulier pour notre malheureuse patrie !

« France ! France ! combien tu es ingénieuse
« pour irriter et pour calmer la justice de Dieu ! Si
« tes crimes font tomber sur toi les châtiments du
« ciel, ta vertu de charité criera vers le ciel : Misé-

« ricorde et pitié, Seigneur ! Il te sera donné, ô
« France ! de voir les jugements de ma justice irri-
« tée, dans un temps qui te sera manifesté et que tu
« connaîtras sans crainte d'erreur ; mais tu connaî-
« tras aussi les jugements de ma compassion et de
« ma miséricorde, et tu diras : Louange et remer-
« cîments, amour et reconnaissance à Dieu à
« jamais, dans les siècles et dans l'éternité !

« Oui, ma fille, au souffle qui sortira de ma
« bouche, les hommes, leurs pensées, leurs pro-
« jets, leurs travaux disparaîtront comme la
« fumée dispersée par le vent.

« Ce qui a été pris sera rejeté ; ce qui a été re-
« jeté sera pris de nouveau. Ce qui a été aimé et
« estimé sera détesté et méprisé ; ce qui a été mé-
« prisé et détesté sera de nouveau estimé et aimé.

« Quelquefois un vieil arbre est coupé dans une
« forêt, il ne reste plus que le tronc ; mais un re-
« jeton pousse au printemps, et les années le déve-
« loppent et le font grandir ; il devient lui-même
« un arbre magnifique, l'honneur de la forêt.

« Priez pour la France, ma fille, priez beaucoup, ne cessez de prier. »

« Une dernière fois, espérance ! Oui, mais que
notre espérance ne soit pas celle des impies et

des fous qui, en témoignage de la sainte Écriture, sera déçue, *spes illorum peribit.*

« Nul ne peut s'arracher aux châtiments qu'il plaît à Dieu de lui imposer, mais chacun peut désarmer son courroux en opposant à la Toute-Puissance, qui se venge du haut du Ciel, la Toute-Puissance qui supplie sur la terre.

« Il ne suffit pas de poudre, de chassepots, de mitrailleuses ou de torpilles pour échapper aux tristes conséquences de la guerre. Nous ne le savons que trop.

« Tous les « fléaux de Dieu » ne sont pas morts dans la personne d'Attila, mais si l'Église catholique et son Pontife arrêtèrent ce barbare par la prière, par la prière aussi l'Église de France et des Pontifes arrêtera, brisera, anéantira les barbares qui ont fondu sur nous.

« En deux mots, à la voix du canon unissons la voix de la religion, et pendant que nos vaillants généraux et nos intrépides soldats tiendront dans leurs mains leurs épées ou leurs chassepots, nous vieillards, femmes, enfants et prêtres de Dieu, levons les mains au ciel et demandons la délivrance de la patrie, la revanche pour nos armes, la victoire au drapeau français !

« Veuillez agréer, mon cher Monsieur, l'hommage des sentiments distingués, avec lesquels j'ai l'honneur d'être votre très-dévoué serviteur,

« L'abbé Pascal Darbins,
« Prêtre, éditeur des œuvres de Marie Lataste. »

XLI

VISION ET MISSION DE CATHERINE

On parle, depuis quelque temps, d'un fait prodigieux qui rappellerait l'histoire de Jeanne d'Arc. On nous communique, à ce sujet, une lettre qui a été écrite par une personne fort respectable et très-bien placée pour connaître les faits. Nous croyons faire plaisir à nos lecteurs en la publiant. Il est clair que ce qu'elle contient n'est point de foi, et que, jusqu'à nouvel ordre, chacun a le droit d'en croire ce qu'il voudra, mais, à cette époque de calamités publiques, où tant de choses nous invitent à élever les yeux vers le ciel, on ne doit rien dédaigner de tout ce qui n'étant point manifestement faux, et s'appuyant même sur des autorités respectables, est propre à surexciter la foi de nos populations, à ranimer leur espérance et à relever leur courage.

Je pense vous intéresser en vous racontant un fait religieux tout récent et qui émeut tout le monde en ce moment. Il s'agit d'une jeune fille domestique chez le notaire de Saint-Laurent-lès-Mâcon, petite ville de l'Ain, à six lieues de Bourg. Cette jeune fille a été guérie miraculeusement, il y a peu, d'un mal assez grave au larynx, et cela à la suite d'une neuvaine à Notre-Dame de Lourdes. Elle était traitée à l'hôpital de Mâcon.

Un des derniers jours d'octobre, cette domestique était avec sa maîtresse sur un balcon. Tout à coup elle s'écrie : — « Voyez donc, madame, une belle lune, et la sainte Vierge qui a cette lune sous ses pieds ! » La dame aussitôt de regarder, mais elle ne voit rien. En faisant cette exclamation, Catherine était tombée à genoux, les yeux fixés sur l'objet céleste qui lui apparaissait. Elle passa près d'une demi-heure en extase. Quand elle se fut relevée, elle déclara à sa maîtresse qu'elle devait partir pour Paris dans le but de remplir une mission que la sainte Vierge venait de lui donner. On chercha à l'en détourner, mille oppositions lui furent faites et par ses maîtres et par des ecclésiastiques auxquels on l'adressa. Plusieurs jours s'écoulèrent ainsi.

Le 13 octobre, étant allée prier dans une église, elle eut une nouvelle apparition, et en rentrant à la maison elle dit à ses maîtres que la sainte Vierge venait de lui commander de partir pour Paris, et le jour même, M. de M., son maître, lui déclara qu'il s'opposait à son départ; que, puisqu'elle n'avait pas encore vingt et un ans, il ne pouvait la laisser s'exposer à d'évidents périls. Mais la jeune fille tint ferme, ajoutant que la sainte Vierge lui avait dit de prendre le chemin de fer jusqu'à Sens (à ce moment la tête de ligne du chemin de fer allait seulement là), que de là elle irait à pied et que, jour par jour, elle apprendrait ce qu'elle aurait à faire. Interrogée sur ce qu'elle devait aller dire à Paris, elle répondit : « Je ne le saurai moi-même qu'au moment de remplir ma mission. » Elle prit, le soir même, le train direct pour Sens, et fit le reste de la route partie à pied, partie en voiture. Elle entra dans Paris le 18, à la suite de nos soldats qui ce jour-là avaient fait une sortie. Catherine fut reconnue par un chirurgien qui l'avait soignée à l'hôpital de Mâcon. Celui-ci, tout surpris de la voir, lui dit : « — Est-ce bien vous, Catherine? — Oui, monsieur. — Mais, ma pauvre enfant, comment vous trouvez-vous ici ? — Je suis envoyée par la sainte Vierge pour remplir une mission auprès de ces messieurs du Gouvernement. » Sans se laisser déconcerter, elle chemina et parvint jusqu'à ces messieurs. Là on lui fit un assez froid accueil, on lui donna à comprendre qu'on n'avait guère le temps de l'écouter. Elle ne s'en émut point et se contenta de dire : « Si on refuse de m'entendre, je me retirerai, et ensuite, si on se décide à recevoir mon message, on me trouvera à Notre-Dame des Victoires. » Elle se rendit, en effet, dans cette église ; elle y priait depuis deux heures lorsqu'on vint la prendre.

Après avoir entendu son message on lui demanda où elle allait, elle répondit : « Je dois me rendre de Paris à Orléans. » On lui objecta qu'elle ne pourrait pénétrer dans cette ville, puisqu'elle était entourée et occupée par l'ennemi. « J'y arriverai, » répondit-elle avec calme.

En quittant Paris, Catherine se dirigea vers Orléans. Comme elle voulait traverser un gros d'ennemis, on ne voulut point le lui permettre. Sans se laisser déconcerter, elle dit : « Oh ! j'arriverai quand même, en faisant un détour. » Effectivement, elle s'éloigna et arriva après avoir traversé une rivière à gué. Elle resta trois jours à Orléans. Après y avoir rempli sa mission, elle fut accompagnée par le maire de la ville vers le général prussien pour en obtenir un sauf-conduit ; mais, en la voyant, le général dit au maire : « Vous pouvez la laisser aller. » Elle sortit d'Orléans et s'en retourna à pied et fort tranquillement sans être inquiétée. Catherine était à Beaune le jour de la Toussaint, et le 4 ou le 5 novembre, elle rentrait chez Mme de M... où elle a repris son service avec la même simplicité qu'auparavant. Souvent, depuis son retour, sa maîtresse lui a demandé si, dans la maison, on devait faire ses malles et fuir comme tout le monde. « Non, madame, a-t-elle répondu, oh! non, ce n'est pas nécessaire de faire vos malles, car ces messieurs m'ont promis de faire ce que je leur ai dit. »

Un jour, comme elle balayait un appartement, sa maîtresse, qui était près de là, l'entendit proférer ces mots : « Tout de même, ce sera terrible ! » Mme de M..., se rapprochant, lui demanda ce qu'elle voulait dire. Catherine se contenta de répondre : « Ce n'est rien, madame. » On lui attribue encore ces mots : « Guillaume ne rentrera pas en Prusse. »

Ce qui est à remarquer, c'est que, depuis le passage de Catherine à Orléans, les Prussiens ont évacué cette ville, et c'est depuis lors que nos troupes ont eu leurs premiers succès.

XLII

PROPHÉTIE ET APPARITION DU BIENHEUREUX ANDRÉ BOBOLA [1]

Nous terminons la série des prophéties de ce Recueil par un souvenir donné à la plus éprouvée des sœurs de la France, l'héroïque Pologne, dont nous espérons toujours la résurrection. — On se rappelle l'imposante cérémonie célébrée, le 30 octobre 1853, à Saint-Pierre de Rome, pour la béatification de l'hum-

---

[1] Martyr de la compagnie de Jésus, né en 1592, mort en 1657. Ce saint martyr, originaire d'une des plus nobles familles du Palatinat de Sandomir, était entré chez les Jésuites en 1611, à l'âge de dix-neuf ans. Son zèle lui mérita la haine des schismatiques russes qui le mirent à mort par la main des Cosaques, à Janow, le 16 mai 1657, au milieu de supplices inouïs dans les fastes de l'histoire moderne, comme s'exprima le Promoteur de la foi en 1739.

ble bergère de Pibrac, Germaine Cousin, canonisée depuis, et de l'héroïque Polonais, André Bobola, prêtre de la compagnie de Jésus.

I. — Des apparitions fréquentes, des miracles éclatants, des faveurs sans nombre rendirent bientôt populaire dans toute la Pologne le saint martyr, dont le corps s'est conservé incorruptible jusqu'aujourd'hui dans l'église des Dominicains de Polock. André Bobola est devenu dès lors l'un des patrons de sa patrie. On y a recours à lui en toutes sortes de circonstances difficiles ; mais ses compatriotes lui demandent de préférence la constance dans la foi au milieu des persécutions et la fidélité à la cause de Pologne qui, selon une de ses prédictions, doit être un jour rétablie comme nationalité. Or, dans le courant de l'année 1819, un saint religieux de l'ordre des Frères-Prêcheurs, le père Korzeniecki, du couvent de Wilna en Lithuanie, gémissait, dans le secret de sa cellule, sur le sort de plus en plus malheureux de sa patrie et sur l'inaction forcée à laquelle l'avait lui-même condamné la police russe que ses prédications et ses écrits inquiétaient, sans l'ombre de raison.

Accablé de tristesse, le Père ouvrit, à une heure avancée de la soirée, la fenêtre de sa chambre; les yeux fixés au ciel, il se mit à invoquer le bienheureux André Bobola pour qui, dès son jeune âge, il avait toujours eu une dévotion particulière, bien que l'Église n'eût pas encore élevé sur les autels le martyr de Janow. Il rappelait au Bienheureux qu'il y avait déjà bien des années qu'il avait prédit la résurrection de l'infortunée Pologne et qu'il était temps que sa prophétie se réalisât enfin, s'il ne voulait pas voir sa patrie se perdre pour jamais dans le schisme et l'hérésie.

II. — Quand le Père eut fini sa prière, la

nuit était déjà fort avancée. Au moment de se coucher, il vit tout-à-coup debout au milieu de sa cellule un vénérable personnage, portant le costume de Jésuite, qui lui dit :

« Me voici, Père Korzeniecki, je suis celui à qui vous venez de vous adresser. Rouvrez votre fenêtre et vous apercevrez des choses que vous n'avez jamais vues. »

A ces mots le Dominicain, quoique tout saisi, ouvre sa fenêtre. Qu'elle n'est pas sa surprise de n'avoir plus sous les yeux l'étroit jardin du couvent avec son mur d'enceinte, mais de vastes, d'immenses plaines qui s'étendent jusqu'à l'horizon !

« La plaine qui se déroule devant vous continue le bienheureux André Bobola, c'est le territoire de Pinsk où j'eus la gloire de souffrir le martyre pour la foi de Jésus-Christ ; mais regardez de nouveau, et vous connaîtrez ce que vous désirez savoir. »

En ce moment, comme le Père regardait une seconde fois au dehors, la plaine lui apparaît tout-à-coup couverte d'innombrables masses de Russes, de Turcs, de Français, d'Anglais, d'Autrichiens, de Prussiens et d'autres peuples encore que le religieux ne peut distinguer exactement, se combattant dans une mêlée horrible comme dans les guerres les plus sanglantes. Le Père ne comprenant rien à cet affreux spectacle :

« Quand, lui dit le bienheureux martyr, la guerre, dont vous venez de contempler le tableau, aura fait place à la paix, alors la Pologne sera rétablie, et j'en serai reconnu le principal ptonar.»

Et comme le Dominicain, la joie dans l'âme, mais craignant de se tromper néanmoins, demandait un signe de la réalité de cette vision :

« C'est moi, reprit le Bienheureux, qui

vous donne l'assurance de tout ceci ; la vision que vous avez sous les yeux est réelle et vraie, et tout s'exécutera de point en point comme je vous l'ai annoncé. Maintenant, prenez votre repos. Moi, pour vous donner un signe de la vérité de ce que vous avez vu et entendu, je veux, avant de vous quitter, imprimer sur votre bureau les traces de ma main. » En disant ces mots, le saint touche de sa main la table du père Korzeniecki, et à l'instant disparaît.

Revenu des transports où l'avait jeté l'apparition de son bien-aimé martyr, le Dominicain s'approche de sa table et y voit très-nettement dessinée l'empreinte de la main droite du Bienheureux. Le lendemain, à son réveil, il n'eut rien de plus pressé que de s'assurer de nouveau de la réalité du fait : en présence de ces vestiges miraculeux, parfaitement visibles, il sentit tous ses doutes s'évanouir. Le Père, inondé de joie, convoqua aussitôt tous les religieux du couvent. Tous ensemble constatèrent la réalité de l'empreinte laissée par le Bienheureux. D'autres religieux, entre autres les Jésuites du grand collége de Polosk eurent communication de l'heureux événement, et c'est de l'un deux, le père Grégorio Felkierzamb, que l'histoire tient les détails que nous venons de raconter. On les trouvera plus au long dans la *Civitta Cattolica,* année 1854.

Nous nous réjouissons de cet espoir donné à la Pologne de voir bientôt tomber ses chaînes. Puissent les trois grandes puissances co-partageantes mieux entendre leurs intérêts, faire droit aux vœux de tout le monde civilisé et reconstituer enfin, sans nouvelle effusion de sang, ce peuple héroïque dont l'esclavage n'est pour elles-mêmes qu'un ferment de plus de discorde et d'inguérissable malaise !

XLIII

PIE IX

Nous ne saurions clore plus dignement ce livre qu'en disant un mot de la grande figure de Pie IX. Debout sur la montagne du Vatican comme sur le rocher mystérieux de Pierre, sans jamais perdre un instant la sérénité de son regard inspiré, alors même que tout secours humain lui fait défaut, il nous est un garant des beaux jours qui approchent pour l'Église et la France, sa fille aînée.

I. — La convention du 15 septembre 1864 était arrivée au temps de son exécution. Le 6 décembre 1866, Pie IX, assis sur son trône et entouré de sa cour, avait reçu en audience solennelle le général de Montebello et tous les officiers de l'armée d'occupation, qui étaient venus lui faire leurs adieux avant de rentrer en France, et lui demander encore une fois sa bénédiction. Avant de les congédier, le Souverain-Pontife leur dit notamment ces paroles :

« ...Il ne faut point se faire illusion : la révolution viendra ici... On veut venir arborer le drapeau révolutionnaire au Capitole. Vous savez comme moi que *la roche tarpéienne n'en est pas loin...* Que faire? que dire? Je suis dénué de ressources. Cependant je suis tranquille : la plus grande puissance, DIEU, me donne la force et la constance. »

Après s'être arrêté un moment, Pie IX lève les yeux au ciel, puis regarde avec amour et tristesse ces soldats affligés de ne pouvoir plus le défendre. Et il les bénit du geste et de la voix.

Les journaux étaient alors en France sous le régime de l'avertissement, de la suspension et de la suppression ; ils ne donnèrent point les paroles suivantes que Pie IX prononça en bénissant nos officiers [1] :

« Allez, mes enfants, partez avec ma bénédiction, avec mon amour. Si vous voyez l'empereur, dites-lui que je prie chaque jour pour lui. On dit que sa santé n'est pas bonne : je prie pour santé. On dit que son âme n'est pas tranquille : je prie pour son âme. La nation française est chrétienne : son chef doit être chrétien aussi. Il faut des prières accompagnées de confiance et de persévérance, et cette nation si grande et si forte pourra obtenir ce qu'elle désire.

« Je vois que le monde est agité. Pour

---

[1] *Histoire de Pie IX et de son Pontificat*, par Alex. de Saint-Albin, 2ᵉ édit., t, II, p. 285.

moi, je mets ma confiance dans la miséricorde divine et vous donne ma bénédiction. Qu'elle vous accompagne dans le voyage de la vie ! »

Ainsi, lorsque le monde officiel s'écarte de la Barque de Pierre, la ors que plus d'un point noir se montre menaçant à l'horizon, le Pape de l'Immaculée-Conception se confie imperturbablement à la seule grande puissance vraiment digne de ce nom, Dieu. Ne partagerions-nous donc point la confiance de notre Père de la terre en notre Père des Cieux ?

II. — Avec quel bonheur entendrons-nous maintenant la voix de Pie IX rassurant encore naguère un de nos évêques au sujet des périls de la patrie !

L'illustre et vaillant évêque de Moulins, Mgr de Dreux-Brézé, allait prendre congé du Souverain-Pontife pour retourner pour quelque temps dans son diocèse et y apporter les premières décisions du Concile; la guerre était sur le point de s'engager entre la France et la Prusse : le moment était on ne peut plus solennel. Écoutons ce récit des adieux de l'évêque de Moulins à Pie IX.

« On a dit, raconte Mgr de Dreux-Brézé dans une allocution relative aux circonstances actuelles, et on a osé l'écrire ces jours derniers, que le Pape fait des vœux contre la France. C'est un infâme mensonge.

« J'ai eu le bonheur de voir le Saint-Père avant de quitter Rome, et il a eu la bonté de me dire que ses vœux sont pour la France, ses meilleures sympathies pour elle.

« Elle est, dit-il, la fille aînée de l'Église, le centre des bonnes œuvres, le pays qui donne le plus de prêtres à l'Église, le plus de défenseurs au Saint-Siége, le plus de sœurs de charité aux Missions lointaines. *Si la France venait à être humiliée, amoindrie, ce serait le signe précurseur des mauvais jours qui doivent précéder la fin des temps.* »

Ces paroles sont pour nous une espérance, bien plus, le présage certain de la victoire finale de la France, qui sortira purifiée et plus grande des épreuves qu'elle subit en ce moment.

CONCLUSION

Au moment de terminer l'impression de ce volume, nous lisons dans le *Français*, du 21 novembre, quelques considérations qui lui sont suggérées par les prophéties ; nous croyons devoir les reproduire ici, persuadé qu'on les lira, comme nous, avec plaisir :

« On s'est beaucoup occupé de prophéties depuis quelque temps, et les esprits, accablés de tristesse et d'inquiétude, ont volontiers accordé créance aux dictons et aux présages qui semblaient offrir une espérance aux angoisses du patriotisme.

« Nous savons dans quelle réserve il convient de se tenir à cet égard, aussi ne venons-nous point prophétiser à notre tour. Mais, en dehors du domaine tout mystique, où la politique ordinaire n'a rien à voir, se présentent des constatations curieuses et des remarques vraiment saisissantes. C'est uniquement dans cet ordre de faits que nous nous plaçons un instant, pour signaler des rencontres dont l'esprit ne peut s'empêcher d'être vivement frappé.

« Le jour même de nos premiers désastres et en coïncidence avec les néfastes batailles de Wissembourg et de Forbach, l'évangile du dimanche nous montrait Jésus-Christ pleurant sur les ruines de Jérusalem ; et cette coïncidence, nous le savons, troubla le cœur de beaucoup comme un douloureux pronostic.

« Jésus, dit l'évangile du 7 août, apercevant Jérusalem, pleura sur elle, et dit : « Si

« tu savais ce qui peut te procurer la paix !
« Mais tout cela est maintenant caché à tes
« yeux. Aussi viendra-t-il des jours malheu-
« reux pour toi, où tes ennemis t'environ-
« neront de tranchées, t'enfermeront et te
« serreront de toutes parts, te détruiront en-
« tièrement et ne laisseront pas en toi pierre
« sur pierre. »

« Les événements, hélas ! n'ont été que
l'application trop littérale de ce texte désolé ;
et nos armées, nos villes, nos plus redoutables forteresses ont été cernées, pressées,
anéanties comme on ne l'avait jamais vu dans
l'histoire !

« Mais, depuis Orléans, tout est changé,
et il est remarquable que la fortune de nos
armes coïncide encore avec une sorte de ras-
sérénement de l'évangile.

« L'autre dimanche, en effet, le vingt-troi-
sième après la Pentecôte, celui qui a célébré

la victoire de Coulmiers et la reprise de la cité de Jeanne d'Arc, l'*Introït* de la messe débutait par ces consolantes paroles : « Le « Seigneur a dit : J'ai maintenant des pen- « sées de paix et non plus d'affliction ; vous « m'invoquerez, et je ramènerai vos captifs » de toutes les contrées dans lesquelles ils « sont actuellement dispersés. — *Dicit Do-* « *minus* : *Ego cogito cogitationes pacis, et* « *non afflictionis ; invocabitis me, et redu-* « *cam captivitatem vestram de cunctis lo-* « *cis.* »

« Tous les dimanches précédents, depuis l'ouverture des hostilités, les prières étaient désolées, désespérées, et voilà que tout à coup, au moment où tonnait le canon de la Loire, l'Église nous donnait des paroles de paix et d'espérance, au nom du Dieu qui s'était montré si irrité jusque-là !

« Mais ce n'est pas tout. — Ce même jour

venait l'évangile du chef de la synagogue, implorant Jésus pour sa fille qui venait de mourir. « Cette fille n'est pas morte, elle n'est « qu'endormie, » dit le Sauveur.

« N'est-ce pas de la France que Dieu nous parle ? Elle était endormie dans la mollesse et la corruption, dans l'oubli de ses traditions et de ses devoirs : Dieu la réveille par la douleur et la retrempe dans la plus terrible adversité qu'ait vue le monde ! C'est la preuve qu'il ne nous abandonne pas ; et quand, aujourd'hui même, l'Évangile vient encore nous promettre, avec une sorte d'accent solennel, que « les jours de tribulation seront abrégés, » comment ne pas envisager l'avenir avec un peu plus de confiance et d'espoir ?

FIN

TABLE DES MATIÈRES

AVERTISSEMENT. v

 I. Prophétie sur la succession des Papes attribuée à saint Malachie 1
 II. Prédiction du père Necktou 6
 III. Prophétie de saint Césaire 10
 IV. Prophétie du R. P. Eugène Pegghi . . . 13
 V. Prophétie du frère Hermann de Lehnin . . 15
 VI. Prophétie publiée en 1737 17
 VII. Vision d'une religieuse 18
 VIII. Prophétie du père Botin 21
 IX. Prophétie d'Olivarius 24
 X. Prophétie dite de saint Augustin . . . 26
 XI. Révélations de la sœur Nativité . . . 29
 XII. Prophétie d'Anna-Maria Taïgi 54
 XIII. Prédictions augustiniennes 59
 XIV. Prophétie placentienne 61
 XV. Prophétie werdinienne 63
 XVI. Prédictions de la religieuse de *** . . . 67
 XVII. Prophéties des saints Pères 71
 XVIII. Prophéties sur l'Orient 76
 XIX. Prévisions de Chateaubriand 79
 XX. Prédiction de M. l'abbé Margotti . . . 83
 XXI. Prophétie du V. Grignon de Montfort . . 90

TABLE DES MATIÈRES

XXII.	Révélations de sainte Hildegarde. . . .	100
XXIII.	Prophétie dite de saint Thomas d'Aquin .	115
XXIV.	Prophétie dite de Béméchobus.	120
XXV.	Oracle de la Sibylle tiburtine ou albunée .	127
XXVI.	Prophétie de Merlin Joachim	132
XXVII.	Visions de Maria-Antonia	139
XXVIII.	Prophétie de Blois.	155
	A propos de la prophétie de Blois . . .	162
XXIX.	Prophétie de la Salette	171
	A propos de la prophétie de la Salette. .	179
XXX.	Prophétie du P. Hyacinthe Coma. . . .	185
XXXI.	La prophétesse d'Avignon.	191
XXXII.	Prévisions du R. P. Lacordaire. . . .	196
XXXIII.	Prophétie cistercienne dite d'Orval. . .	200
XXXIV.	Prophétie de saint Léonard de Port-Maurice.	209
XXXV.	Prophétie de sainte Catherine de Sienne..	214
XXXVI.	Prophétie de sainte Gertrude	218
XXXVII.	Prophétie du V. Barthélemy Holzhauser .	222
XXXVIII.	Prophétie de la sœur Alphonse-Marie. .	225
XXXIX.	Prophétie de l'abbé Pétiot.	231
XL.	Prédictions et visions de Marie Lataste. .	236
	A propos des prédictions de Marie Lataste .	271
XLI.	Vision et mission de Catherine.	280
XLII.	Prophétie et apparition du Bienheureux André Bobola.	287
XLIII.	Pie IX	294
Conclusion		301

FIN DE LA TABLE

P. N. JOSSERAND, LIBRAIRE-ÉDITEUR

A Lyon, place Bellecour, 3

LA RÉVÉLATION DE SAINT JEAN

OU

HISTOIRE PROPHÉTIQUE

DE

LA LUTTE DU BIEN ET DU MAL

PAR

M. MICHEL

Un volume in-8. — Prix: 6 francs

La *Correspondance de Rome* a, dans ses derniers numéros, entretenu ses lecteurs d'un livre sur lequel nous avons nous-mêmes appelé l'attention de nos abonnés. Nous voulons parler de la *Révélation de saint Jean, ou Histoire prophétique de la lutte entre le bien et le mal, depuis Jésus-Christ jusqu'à la fin des temps.* La feuille romaine a reproduit les approbations dont a été honoré cet intéressant travail; et d'abord, la lettre latine par laquelle Sa Sainteté Pie IX a hautement félicité son auteur et *constaté l'utilité et l'opportunité de son œuvre*; puis, celle où

Mgr l'évêque d'Hébron exprime *son admiration réelle pour cette belle et grande étude;* celle, enfin, dans laquelle Mgr l'évêque de Nîmes *voit, à travers les scènes entremêlées du Ciel et de la terre, décrites dans ce livre, un mouvement solennel comme la marche même des mondes; livre,* dit-il, *ingénieux, savant et plein d'un grave à-propos pour les plaies dont la société contemporaine est frappée.* Mgr de Poitiers abonde dans le même sens.

Sonder l'avenir, dans des temps critiques comme ceux que nous traversons, est un besoin naturel à tous les esprits; mais l'interroger sous l'œil de l'Église et dans les livres sacrés où la Providence a voulu en consigner les mystérieuses manifestations, c'est, sans se prévaloir témérairement de l'idée d'en être toujours un interprète irréfragable, obéir à un sentiment d'humble et filiale confiance en Celui qui a parlé pour être compris dans une mesure qu'il détermine Lui-même : c'est, on peut le dire du moins, chercher la lumière aux sources de la lumière.

Le monde est, de nos jours, en présence d'une crise dont la gravité frappe tous les esprits. L'ordre moral et l'ordre matériel, fortement ébranlés, ont besoin d'être promptement et énergiquement raffermis. Mais si, d'un côté, l'affirmation des principes catholiques, formulée dans les grandes assises conciliaires auxquelles nous assistons, semble préparer à l'Église un triomphe dont on voit déjà poindre l'aurore, et qui sera réalisé sans doute, au grand profit des sociétés humaines, d'un autre côté, les théories rationalistes, maçonniques, révolutionnaires, qui s'imposent avec une incroyable audace, ne doivent-elles pas nous faire redouter aussi, dans un avenir plus ou moins rapproché, le retour de déviations de plus en plus douloureuses, et qui, de chute en chute, nous conduiront au cataclysme final ? Le livre dont nous nous occupons renferme une étude intéressante de cette situation complexe, pleine de consolations et de craintes.

On ne lit guère aujourd'hui que le récit journalier des faits palpitants qui s'accomplissent sous nos yeux. Mais, à ce point de vue encore, ce livre nous semble mériter une attention sérieuse; il ne distraira pas le lecteur de ses justes préoccupations. Outre qu'on y trouve les linéaments tracés d'avance des événements présents et de ceux qui s'enchaînent à eux dans l'avenir, on y découvre surtout les causes tantôt redoutables, tantôt consolantes, auxquelles ils se rattachent, les conséquences également diverses qui en découlent, enfin les remèdes préparés d'en haut pour le salut des *nations que le Ciel a faites guérissables.*

Dieu a livré l'homme aux mains de son conseil; il a mis devant lui la vie et la mort, le bien et le mal. A lui de faire son choix. (Eccli., xx, 14, etc.)

(*Univers*, 11 septembre 1870.)

LYON. — IMPRIMERIE PITRAT AINÉ, RUE GENTIL, 4.

LIBRAIRIE P. N. JOSSERAND, LYON

LE DRAME DE METZ, par le P. Marchal, aumônier de la garde impériale. 1 vol. in-8°. . . . . 1 fr.
ALMANACH DES SERVITEURS DE MARIE ET DE JOSEPH, par le P. Huguet, 1871. in-18. . . . . 15 c.
Remise 13/10 — 70/50 — 150/100.
FAITS SURNATURELS DE LA VIE DE PIE IX, par le R. P. Huguet, 3ᵉ édit. aug. 1 vol. in-18. . . . . 50 c.
CHOIX DES PROPHÉTIES LES PLUS CÉLÈBRES au XIXᵉ siècle. 1 vol. in-12. 50 c.
DEUX PROPHÉTIES CÉLÈBRES (prophétie d'Orval et prophétie de Blois), in-12. . . . . 20 c.
LA FIN DU MONDE, d'après une prophétie célèbre. 1 vol. in-12. . . . . 1 fr.
RECUEIL COMPLET DE PROPHÉTIES, passé, présent, futur. 1 beau vol. in-18 raisin. . . . . 2 fr.
CAMPAGNE DE LA RÉVOLUTION CONTRE ROME, par l'abbé Fleury. 1 vol. in-12. . . . . 1 fr. 50
LA GRANDE QUESTION DU JOUR, ou l'Église catholique, ou la Révolution, par l'auteur du *Jubilé du Concile*, 1 vol. in-18. 40 c.
L'ÉGLISE CATHOLIQUE ET LA SOCIÉTÉ MODERNE, par M. l'abbé Christophe, chanoine de Lyon. 1 vol. in-8°. . . . 1 fr. 25
PRIÈRE POUR LA FRANCE, 2 pages in-18, le cent. . . . . 1 fr.
PRIÈRE POUR L'ARMÉE, approuvée par Mgr l'archevêque de Lyon (40 jours d'indulgence), 4 pages in-18, le cent. . . . . 1 fr.
LETTRE DE MÉLANIE, BERGÈRE DE LA SALETTE, A SA MÈRE, prix: 5 cent.; le cent, *franco*. . . . . 3 fr. 50
PETIT RECUEIL DE PRIÈRES POUR LE TEMPS DE LA GUERRE, publié avec la permission de Mgr l'archevêque de Lyon, grand in-32. 25 c.
LA RÉVÉLATION DE SAINT JEAN, ou Histoire prophétique de la lutte du bien et du mal, depuis Jésus-Christ jusqu'à la fin des temps, par M. Michel. 1 vol. in-8. . . . . 6 fr.

LA
SEMAINE CATHOLIQUE DE LYON
Paraissant tous les Samedis par livraison de 24 pages in-8.

Prix de l'abonnement par an, pour la France, 6 fr.

On s'abonne pour un an, à partir du 1ᵉʳ décembre, chez M. Josserand, libraire, place Bellecour, 3.

www.ingramcontent.com/pod-product-compliance
Lightning Source LLC
Chambersburg PA
CBHW060405170426
43199CB00013B/2006